TASTE THE RAINBOW

ulmer

Harriet Porterfield

TASTE THE RAINBOW

VEGANE REZEPTE MIT LIEBE GEMACHT VON BO'S KITCHEN

Mit Fotos von Harriet Porterfield

Aus dem Englischen übersetzt von Claudia Händel

Inhalt

Einleitung

Über Bo

Ich bin ein echter Foodie und solange ich denken kann, habe ich immer mit großer Begeisterung gegessen. Mein erstes Wort war „leer", schnell gefolgt von „mehr". Beim Kochen kreativ zu sein bringt mir so viel Freude, Essen macht mich einfach glücklich. Ob es nun darum geht, ein neues Rezept auszuprobieren, eine neue Geschmacksrichtung zu entdecken oder eine hübsche Tarte zu verzieren – all das hilft mir, meine Kreativität zu entfalten. Ich hatte schon immer eine Vorliebe für Süßes, daher auch mein Spitzname „Bo" (früher liebte ich eine bestimmte Marke von Brause-Geleebonbons). Sie werden immer noch aus Gelatine hergestellt, daher kann ich sie als Veganerin nicht essen, doch der Spitzname ist geblieben.

Ich wurde vegetarisch erzogen, aber als sich meine Eltern scheiden ließen, bereitete mein Vater zu Hause gelegentlich wieder Fleisch zu. Ab dem Zeitpunkt wurde meine Ernährung eintöniger – ironischerweise glauben die meisten Leute, dass veganes Essen weniger abwechslungsreich ist. In meinen Teenagerjahren vermisste ich die deftigen Gemüseeintöpfe und -suppen und die selbstgemachten süßen Leckereien, die meine Mutter immer zubereitet hatte. Mit 17 Jahren wurde ich wieder Vegetarierin. Ich hatte ein Buch über verborgene tierische Inhaltsstoffe in E-Nummern und Zusatzstoffen gelesen. Eines Tages beschloss ich, bei meinem wöchentlichen Einkauf auszuprobieren, ob ich ausschließlich vegane Lebensmittel kaufen könnte. Es schien mir eine lustige Herausforderung und ein notwendiger Schritt zu sein. Es passte mir einfach nicht, mich als Tierliebhaberin zu bezeichnen und mich gleichzeitig bereitwillig an deren Ausbeutung zu beteiligen. Ich wusste, wenn ich mir in irgendeiner Weise etwas aus Tieren machte, musste ich auch der Milchindustrie den Rücken kehren. Abgesehen von der Grausamkeit, die mit der Fleisch- und Milchindustrie verbunden ist, wusste ich, dass ich mich besser FÜHLEN würde, sowohl geistig als auch körperlich, wenn ich mehr Pflanzen und Vollwertiges essen würde.

Als leidenschaftliche Hobbyköchin war ich gespannt, welche neuen Rezepte ich ausprobieren würde. Damals gab es nicht viel Auswahl für jemanden, der sich vegan ernähren wollte. Wenn ich Glück hatte, gab es eine einzige Sorte vegane Milch im Angebot, und in den Bioläden, geschweige denn im Supermarkt, gab es kaum veganen Käse oder Joghurt. Dieser Mangel half mir dabei, eine gute Köchin zu werden, da ich das meiste von Grund auf selbst herstellen musste. Es motivierte mich, meine eigenen Milch- und Käsesorten zuzubereiten und mit veganen Rezepten zu experimentieren, was damals noch relativ neu war.

2007 zog ich für meinen Job als Einzelhandelsmanagerin nach London. Ich hatte dort viel mehr Möglichkeiten, auswärts zu essen und dazu kam eine große Auswahl an veganen Produkten in Supermärkten. Ich fing an, zu Hause vegane Kuchen und Kekse zu backen, und der Name Bo's Kitchen war geboren. Ich hatte vor, Cafés zu beliefern, merkte aber schnell, dass dies sehr arbeitsintensiv sein würde und sich nicht mit meinem Vollzeitjob im West End vereinbaren ließ. Ich liebte das Backen aber immer noch und wollte einen Weg finden, davon zu leben, wusste aber nicht, wie.

Meinen Traum, eine vegane Bäckerin und Köchin zu werden, legte ich für ein paar Jahre auf Eis, während ich in London arbeitete. Zu jener Zeit explodierte Instagram und ich fing an, einigen meiner Lieblings-Rezeptentwickler zu folgen. Ich war von leuchtenden, leicht verständlichen, farbenfrohen veganen Rezepten fasziniert. Ich gründete meinen eigenen Account – @bos.kitchen –, konnte aber nicht viele Inhalte posten, da meine Studiowohnung in London unglaublich klein war. Man musste erst eine Treppe ausklappen, um ins Schlafzimmer zu gelangen, und in der Küche war nur Platz für eine Person, dazu gab es überhaupt kein natürliches Licht.

Dann zog meine Mutter ins Ausland und ich verließ London, um wieder in Leicester in ihrem Haus zu wohnen, während sie weg war. Das Haus ist lichtdurchflutet und hat weiße Küchenflächen und Wände – perfekt für die Foodfotografie. Ich nahm mit meinem Handy Aufsichtsfotos von meinen Gerichten auf: ganz einfache Fotos, ohne ausgefallene Requisiten oder Beleuchtung. Zu der Zeit arbeitete ich immer noch Vollzeit von zu Hause aus und fotografierte nur in meinen Mittagspausen, rein zum Spaß, ohne die Erwartung, damit irgendwie Karriere zu machen. Doch bald hatte ich eine umfangreiche Sammlung von Fotos beieinander und gewann einige Follower.

Schließlich boten mir Unternehmen ihre Produkte als Gegenleistung für Rezeptkooperationen an und ich begann damit, Geld für die Zusammenarbeit mit mir zu verlangen. Ich konnte es nicht fassen! Ich brachte mir die Grundlagen der Foodfotografie selbst bei und sparte für meine erste Digitalkamera. Mit zunehmendem Knowhow wurde meine Fotografie besser und ich entwickelte meine eigene visuelle Ästhetik. Mit viel Übung und einer ganzen Reihe von Misserfolgen konnte ich meine Fangemeinde in den sozialen Medien innerhalb von ein paar Jahren auf über 100.000 Follower ausbauen. Obwohl sich mein Stil im Laufe der Zeit weiterentwickelt hat, fühle ich mich nach wie vor zu leuchtendem, farbenfrohem Essen hingezogen, fotografiert in natürlichem Licht. Schöne Farben, Kunst und Musik sind immer eine Inspiration für mich, und ich finde es wunderschön, durch ein Bild ein Gefühl hervorzurufen. Am liebsten arbeite ich allein, oft mit meiner Lieblingsmusik im Hintergrund, und verliere mich für eine Weile im Schaffensprozess.

Ich liebe die visuelle Präsentation fast so sehr wie die Kreation des Rezepts selbst. Ich glaube wirklich, dass man zuerst mit den Augen isst. Wenn man etwas Gesundes wirklich ansprechend aussehen lassen kann, fällt es einem viel leichter, gesund zu essen.

Warum den Regenbogen essen?

Die Menschen legen heute mehr denn je Wert auf ihre Gesundheit und ihr Wohlbefinden. Ich glaube fest daran, dass Essen, besser als alles andere, die Kraft hat, den Körper zu heilen, zu verjüngen und mit Energie zu versorgen. Wie Hippokrates schon sagte: „Eure Nahrung sei eure Medizin und eure Medizin sei eure Nahrung".

Der einfachste und offensichtlichste Weg, meine Vitamin- und Nährstoffzufuhr zu erhöhen, war für mich schon immer, viel Farbe in meine Mahlzeiten einzubauen und achtsam zu essen. Kennst du diese Tage, an denen du besonders viel Lust auf ein bestimmtes Gericht zum Abendessen hast? Oder wenn du unbedingt einen großen Salat brauchst? Dahinter muss ein Grund stecken: dein Körper signalisiert dir, was er benötigt. Ich erinnere mich, dass ich während des ersten Drittels meiner Schwangerschaft ständig müde war und an einer schrecklichen Morgenübelkeit litt. Ich konnte nur wenig Essen vertragen, aber ich hatte ein riesiges Verlangen nach Orangen, Orangen-Eis, Orangensaft, was auch immer! Auch wenn ich mir nicht sicher bin, warum ich so besessen von Orangen war: Orangen enthalten viel Vitamin C, es fördert das Wachstum der Knochen von Babys. Außerdem halfen frische Orangen mir dabei, meine Energie zu steigern, die Verdauung zu beruhigen und meiner Morgenübelkeit vorzubeugen! Ich glaube fest daran, dass hinter dieser Art von Gelüsten das steckt, wonach unser Körper sucht. Je mehr Abwechslung wir in unsere Ernährung bringen, desto bessere Chancen haben wir, uns mit allem zu ernähren, was wir brauchen.

Die Natur bietet uns eine riesige Auswahl an vollwertiger Nahrung und eine Fülle von Farben, Geschmacksrichtungen und Konsistenzen, sodass sich immer etwas Neues zum Ausprobieren findet.

Farbe ist für mich sehr wichtig, sowohl bei den Rezepten, die ich kreiere, als auch bei den Fotos, die ich mache. Leuchtendes, farbenfrohes Essen war schon immer das Herzstück von Bo's Kitchen und beflügelt meine Kreativität. Abgesehen davon, dass es sehr viele Nährstoffe liefert, hebt ein in allen Regenbogenfarben leuchtendes Gericht meine Laune und kann den Ton für meinen Tag angeben. In diesem Buch zeige ich all die schönen, leuchtenden Farben von Essen, die du aus natürlichen Zutaten kreieren kannst.

Eine Regenbogen-Ernährung besteht übrigens nicht nur aus buntem Obst und Gemüse, sondern auch aus Gewürzen, Bohnen, Nüssen, Samen, Kräutern und Vollkornprodukten. Ich habe *Taste the Rainbow* geschrieben, um dir zu zeigen, wie köstlich, bunt und lustig veganes Essen sein kann. Dabei geht es nicht nur um Linsen und Salate, veganem Essen sind keine Grenzen gesetzt. Ich mag Essen, das sich leicht zubereiten lässt und sehr aromatisch ist, und hoffe, dass diese Rezepte dich dazu inspirieren, etwas Neues auszuprobieren, sei es ein Rezept oder eine Zutat, die du noch nie verwendet hast. Ich hoffe, die Zubereitung dieser Rezepte macht dir Spaß und lässt dich das Hier und Jetzt in vollen Zügen genießen.

Zeit zum gemeinsamen Essen

Essen achtsam zubereiten und sich Zeit zu nehmen, um etwas Schönes zu schaffen, hilft uns, eine Beziehung zu unserem Essen herzustellen und die Freude am gemeinsamen Essen zu genießen. In einer Zeit, in der wir scheinbar immer auf dem Sprung sind und mit digitalen Ablenkungen bombardiert werden, kann der Esstisch ein Ort sein, an dem Gemeinschaft und Zugehörigkeit stattfinden. Ich habe schöne Erinnerungen an das Zubereiten von Gerichten und Essen mit Familie und Freunden. Bei bestimmten Rezepten fühle ich mich sofort an einen bestimmten Ort und in eine bestimmte Zeit versetzt. Ein gemeinsames Essen bewirkt, dass wir entschleunigen und miteinander ins Gespräch kommen. Einige Studien legen nahe, dass gemeinsame Mahlzeiten ein Rezept für Glück und Bindung sind. Kinder, die regelmäßig gemeinsame Mahlzeiten erleben, essen insgesamt gesünder mit mehr Obst, Gemüse und wertvollen Nährstoffen. Außerdem ist die Wahrscheinlichkeit geringer, dass sie übergewichtig werden. Auch wenn es aufgrund unseres Lebensstils nicht immer möglich ist, bei jeder Mahlzeit gemeinsam zu essen, kann es sich positiv auswirken, wenn man nur ein oder zwei Abende in der Woche gemeinsam am Tisch isst.

Seit ich Mutter geworden bin, habe ich die Vorteile des achtsamen Essens mit Kindern kennengelernt. Indem ich mich bei jeder Mahlzeit mit meinem Sohn Josiah an den Tisch setze und ihn ermuntere, alles zu probieren, was ich esse, hat das dazu geführt, dass er selbstbewusst mit Essen umgeht und bereit ist, alles zu probieren, was man ihm vorsetzt. Wenn er die Wahl hat, isst er lieber Paprika und Brokkoli als einen süßen Lutscher! Das Einzige, was er bisher nicht mag, sind Pilze, was für einen Zweieinhalbjährigen ziemlich gut ist.

Alle Altersgruppen willkommen

Die Rezepte in *Taste the Rainbow* sind für alle gedacht: Alle sind willkommen, egal wie alt sie sind. Auch wenn du nicht für kleine Kinder kochst, ist der Kinderteil eine gute Anlaufstelle für einfache, gesunde Rezepte.

Unsere Gesundheit und der Nutzen für die Umwelt

Kleine Veränderungen können einen großen Unterschied machen. Wenn sich jeder auch nur ein paar Tage pro Woche vegan ernähren würde, könnten wir einen massiven Einfluss auf unsere Gesundheit, den Planeten und die Tiere, mit denen wir ihn teilen, ausüben.

Eine vegane Ernährung kann dank der Vielfalt an Ballaststoffen aus pflanzlichen Nahrungsmitteln die nützlichen Bakterien in unserem Darm vermehren. Je abwechslungsreicher die Ernährung ist, desto vielfältiger ist unser Mikrobiom, was es noch anpassungsfähiger im Kampf gegen Erkrankungen macht. Dazu verringert eine pflanzliche Ernährung das Risiko für die Entstehung von Alzheimer, Typ-2-Diabetes und Herzerkrankungen. Pflanzen enthalten jede Menge gesundheitsfördernde Nährstoffe und es gibt deutliche Hinweise darauf, dass sie auch vor bestimmten Krebsarten schützen.

EINIGE FAKTEN ...

Die Forschung zeigt, dass ohne den Konsum von Fleisch und Milchprodukten die weltweite Nutzung von Ackerland um mehr als 75 Prozent reduziert werden könnte und wir wären immer noch in der Lage, die Welt zu ernähren. Der Verlust von Wildnisgebieten an die Landwirtschaft ist die Hauptursache für das derzeitige Massenaussterben der Wildtiere. Wenn wir Lebensmittel ausschließlich für den menschlichen Verzehr und nicht für die Viehzucht anbauen würden, könnten wir weltweit 4 Milliarden Menschen zusätzlich ernähren. Pflanzliche Produkte sind auch viel energieeffizienter: Schätzungen zufolge erfordert die Produktion von tierischem Eiweiß achtmal mehr Energie aus fossilen Brennstoffen als die Produktion von pflanzlichem Eiweiß.

Die landwirtschaftliche Produktion verbraucht rund 70 Prozent des weltweiten Wasservorrats, wobei 25 Prozent davon allein für die Fleisch- und Milchindustrie verwendet werden. Eine einzelne Person, die sich vegan ernährt, kann über 624.500 Liter Wasser pro Jahr einsparen!

Die hohen Mengen an Kohlendioxid und Methan, die in der Tierhaltung erzeugt werden, machen mehr als 14 Prozent der weltweiten Emissionen aus, mehr als alle Emissionen des Verkehrssektors zusammen.

Vor allem glaube ich, dass Veganismus uns dabei helfen kann, im Einklang mit unserem Körper, der Natur und den Tieren zu leben, mit denen wir diesen schönen Planeten teilen.

Vorratsschrank

Mein Vorratsschrank ist das Rückgrat meiner Küche. Wenn ich die Vorräte meiner wichtigsten Grundnahrungsmittel aufgestockt habe, weiß ich, dass ich aus ein paar frischen saisonalen Gemüsesorten eine komplette Mahlzeit zubereiten kann. Ich kaufe lieber in großen Mengen ein und bewahre die meisten meiner Zutaten in Gläsern auf der Arbeitsplatte auf, damit ich sie griffbereit habe. Die meisten meiner losen Lebensmittel wie Tomaten und Kichererbsen in Dosen oder Nüsse, getrocknete Hülsenfrüchte und Trockenfrüchte, kaufe ich online. Obwohl ich vegane Butter, veganen Käse und Joghurt verwende, kaufe ich andere vegane Fertigprodukte nicht regelmäßig, weil sie mich irgendwie groggy und lethargisch machen. Selbstgemachtes ist meiner Meinung nach immer am besten!

Für Zutaten wie Tofu oder Kichererbsenmehl gehe ich in den Asia-Shop in meiner Nähe. Sie kosten oft nur einen Bruchteil des Preises im Supermarkt, und oft gibt es dort auch etwas Neues zum Ausprobieren. Außerdem ist es hilfreich und preisgünstig, wenn man vielseitig verwendbare Zutaten in großen Mengen vorrätig hat. Ein großer Beutel Haferflocken beispielsweise: Man kann die Haferflocken zu Hafermehl für Brot und Kuchen verarbeiten oder daraus Hafermilch, Streusel, Granola oder Overnight Oats machen. Aus Cashewkernen lassen sich vegane Sahne, Pastasauce, weicher Käse und köstlich cremiger Zuckerguss herstellen. Linsen können zu Burgern, Dips und Dals verarbeitet werden und geben Suppen, Eintöpfen und Currys zusätzliches Eiweiß.

In meiner Küche habe ich auch ein paar eher ungewöhnliche Zutaten. Sie sind nicht unbedingt notwendig, haben sich aber beim Ausprobieren veganer Rezepte als sehr nützlich erwiesen. Hefeflocken beispielsweise verleihen Saucen oder Pasta ein köstliches Käsearoma und ergeben den leckersten veganen Weichkäse. Das übrig gebliebene Wasser aus Kichererbsendosen (Aquafaba) ist der beste Eischnee-Ersatz und kann zu veganem Baiser verarbeitet werden.

Wie ich einkaufe

Ich decke mich wöchentlich mit frischem Obst und Gemüse ein, entweder von meinem Markt in Leicester (anscheinend einem der größten Undercover-Märkte Europas), von einem Biogemüse-Lieferdienst oder aus der Discount-Abteilung meines Supermarkts (ich halte sehr gerne gegen Ende des Tages Ausschau nach ein paar echten Schnäppchen). Es hängt wirklich davon ab, wie viel Geld ich habe und was in der Woche ansteht. Ich versuche immer, möglichst saisonal einzukaufen, denn Obst und Gemüse ist viel billiger, wenn es gerade Saison hat, und es schmeckt auch besser. Ich bin absolut dagegen, Essen zu verschwenden. Daher versuche ich immer, zuerst das zu verwenden, was in meinem Kühlschrank ist, und ich liebe es, Reste zu einer weiteren Mahlzeit zu verarbeiten. Oft mache ich aus einer Suppe eine Pastasauce oder aus Resten von Bohnen und Reis am nächsten Tag einen Burrito-Wrap. Überreifes Obst kann man waschen, in Stücke schneiden und einfrieren und später in Smoothies verarbeiten. Gemüsereste können prima zu einer Suppe oder einem Eintopf verarbeitet werden. Sparsamkeit kann richtig Spaß machen! Unsere Kinder müssen den Wert der Lebensmittel, die sie essen, zu schätzen wissen.

In den letzten Jahren habe ich angefangen, meine eigenen Kräuter anzubauen. Selbst den unerfahrensten gelingt es, Kräuter anzupflanzen, dazu sind sie unglaublich günstig in der Anschaffung. Wenn man keinen Garten hat, kann man sie einfach in Töpfen auf einer sonnigen Fensterbank ziehen. Es erstaunt mich immer wieder, wie ein paar Zweige frischer Kräuter ein Gericht völlig verändern können.

Ausstattung

Einsteiger

Küchenmaschine – Ich besitze seit über zehn Jahren eine kompakte Küchenmaschine, die immer noch hervorragend funktioniert! Es war das erste richtige Küchengerät, das ich mir angeschafft habe, und es ist immer noch mein liebstes. Man kann damit Nussmus, Zuckerguss, Sahne, Dressings, Saucen, Pestos, Smoothies und Salate herstellen. Es wird mit verschiedenen Aufsätzen zum Reiben, Zerkleinern und Mixen geliefert und ist ein gutes Allroundgerät, wenn du gerade erst ins Kochen und Backen einsteigst.

Stabmixer/Pürierstab – So ein Stabmixer oder Pürierstab ist wirklich sehr preisgünstig. Ich bin mir ziemlich sicher, dass ich nur ein paar Euro für die einfachste Version ausgegeben habe, als ich mit dem Kochen anfing und erst vor ein paar Jahren auf einen Standmixer umgestiegen bin. Er eignet sich perfekt, um schnell Suppen oder Saucen zu zaubern.

Handrührgerät – Die Basisversionen dieser Geräte sind erschwinglich und sehr hilfreich bei der Zubereitung von Kuchenteig und Zuckerguss sowie beim Aufschlagen von veganem Eischnee aus Aquafaba (dem Wasser aus einer Dose Kichererbsen).

Fortgeschrittene

Hochleistungsmixer – Solch ein Mixer gehört zu den Dingen, von denen ich nicht wusste, wie sehr ich sie brauche, bis ich einen hatte. Die Leistung eines Hochleistungsmixers ist unübertroffen. Mit ihm kann man in Sekundenschnelle superweiche Smoothies, cremige Sahne, seidige Pastasaucen und selbstgemachte Mehle zubereiten. Der Hochleistungsmixer ist zwar ein teures Gerät, aber er ist jeden Cent wert, wenn du viel zu Hause kochst.

Standmixer – Er ist nicht zwingend notwendig, aber spart richtig viel Zeit in der Küche. Bevor Josiah auf die Welt kam, habe ich gerne Brot von Hand geknetet oder Zuckerguss aufgeschlagen, aber jetzt ist meine Zeit begrenzt. Einen Standmixer zu haben bedeutet, dass ich alles in die Rührschüssel werfen und die Maschine die Arbeit für mich erledigen lassen kann – ein echter Luxus.

Heißluftofen – Meine jüngste Anschaffung ist ein Heißluftofen, auch Halogenofen genannt. Während ich dieses Buch geschrieben habe, sind die Energiepreise in die Höhe geschossen. Es ist teuer, den Backofen jeden Tag aufzuheizen, besonders wenn ich nur für Josiah und mich koche. In einem Heißluftofen wird das Essen durch Umwälzung der heißen Luft gegart, und man kann damit fast alles zubereiten, was man auch in einem Backofen zubereiten würde. Er heizt sofort auf und gart das Essen schneller als ein Backofen. Außerdem wird zum Braten kaum Öl benötigt, was ein zusätzlicher Vorteil ist!

FANTASTISCHES FRÜHSTÜCK UND FEINE SMOOTHIES

Das Leben kann so hektisch sein, dass wir manchmal keine Gelegenheit haben, zu entschleunigen und unser Essen wirklich zu genießen. Das Frühstück ist der perfekte Zeitpunkt, um den Tag langsam anzugehen, achtsam zu essen und das Hier und Jetzt bewusst wahrzunehmen.

Die erste Mahlzeit des Tages ist eine Gelegenheit, den Körper nach einer nächtlichen Fastenzeit wieder aufzutanken und ihm die Energie zu geben, die er für den Tag braucht. Ich liebe es, beim Frühstück mit Farben und Konsistenzen zu spielen, und verwende, wo immer möglich, Obst der Saison, weil es am frischesten ist. Wenn du den Tag mit einer ballaststoffreichen Mahlzeit oder einem Smoothie beginnst, gerätst du nicht so schnell in Versuchung, zu viel zu essen.

In den Sommermonaten habe ich Lust auf ein kühles Frühstück, zum Beispiel Smoothies, Chia-Pudding und Overnight Oats. Bei kälterem Wetter liebe ich knusprige Waffeln, Pancakes oder warme Haferflocken.

Ganz gleich, ob du ein beruhigendes, energiereiches, ein nahrhaftes Frühstück oder einen Brunch brauchst, hier findest du sicher etwas, das deinem Gaumen schmeichelt.

LOVE

Magic Mandelmus-Haferflocken mit köstlichem Blaubeerkompott

Ergibt: 1 Portion
Vorbereitungszeit: 5 Min.
Kochzeit: 15 Min.

BLAUBEERKOMPOTT
130 g frische Blaubeeren
3 EL Wasser

PROATS (PROTEIN OATS)
50 g Haferflocken
1 EL Leinsamen
1 EL Ahornsirup oder Agavendicksaft
350 ml Vollfett-Kokosmilch oder eine andere vegane Milch nach Wahl
1 EL Mandelmus

TOPPINGS
1 EL Leinsamen
1 TL Kakaonibs
3 Stücke dunkle Schokolade, gerieben
¼ Banane, gehackt
1 EL Mandelmus

Ein Powerfrühstück aus Mandelmus, Haferflocken und Blaubeerkompott. Diese Mischung mit pflanzlichem Eiweiß aus Mandeln und Leinsamen ist eine wahre Proteinbombe. Ein ideales Frühstück vor dem Workout oder wenn du einen anstrengenden Tag vor dir hast. Dazu schmeckt es einfach himmlisch: Nussiges Mandelmus mit saftigem Blaubeerkompott haftet etwas Magisches an – eine Kombination, die du unbedingt probieren musst! Etwas Schokolade oben drauf ist kein Muss, aber sehr empfehlenswert.

Zuerst das Blaubeerkompott zubereiten. 100 g der Blaubeeren mit dem Wasser in einen kleinen Topf geben und auf mittlerer Flamme sprudelnd aufkochen (die restlichen Blaubeeren sind zur Dekoration). Herunterschalten und 5 Minuten lang garen, bis die Blaubeeren aufplatzen. Anschließend in einer kleinen Schüssel abkühlen lassen.

Im gleichen Topf Haferflocken, Leinsamen, Ahornsirup oder Agavendicksaft, Kokosmilch und Mandelmus auf schwacher bis mittlerer Flamme unter Rühren 5–7 Minuten erwärmen. Wenn die Masse dick und cremig ist, in eine Schüssel umfüllen und mit den Leinsamen, Kakaonibs, dunkler Schokolade, Banane, Mandelmus und dem Blaubeerkompott garnieren und mit den restlichen frischen Blaubeeren verzieren.

Der tägliche Verzehr von Blaubeeren kann dazu beitragen, die DNA-Schäden, die durch freie Radikale verursacht werden, zu reduzieren und kann dir somit helfen jünger auszusehen.

TIPP

Es ist noch etwas Blaubeerkompott übrig? Probiere es mal als Aufstrich auf Vollkorntoast mit Nussmus, auf Pfannkuchen oder in Kokosjoghurt gerührt.

Schwarzwälder Smoothie-Bowl

Ergibt: 2 große Bowls
Vorbereitungszeit: 5 Min.

- 250 g geschälte Bananen, in Stücke geschnitten und gefroren
- 200 ml vegane Milch (ich verwende Sojamilch)
- 1 EL Vanille-Proteinpulver oder 1 TL Vanilleextrakt
- 200 g Kirschen, entsteint und halbiert
- 2 EL Carob- oder Kakaopulver, plus etwas mehr zum Bestäuben
- 2 EL Mandeln, grob gehackt
- 2 EL dunkle Schokolade, grob zerkleinert
- 1 EL gepuffte Quinoa (optional)

Wenn du ein Fan von Schwarzwälder Kirschtorte bist, wirst du diese Smoothie-Bowl lieben! Frische Kirschen kombiniert mit Vanille, Carob und Bananen ergeben eine cremige, genussvolle Smoothie-Bowl, die wie ein Dessert schmeckt, aber gesund genug ist, um als Frühstück durchzugehen! Das Geheimnis einer dicken und cremigen Konsistenz sind gefrorene Bananen, also schäle und zerkleinere die Bananen bereits am Vortag.

Die gefrorenen Bananen, die vegane Milch, Proteinpulver und 150 g frische Kirschen in einen Mixer geben und zu einer glatten und cremigen Masse verarbeiten. Die Hälfte des Smoothies in zwei Schalen füllen. Das Carobpulver dem restlichen Smoothie im Mixer hinzufügen. Erneut mixen, bis alles gut vermischt ist und ebenfalls in die Schalen füllen. Mit Mandeln, dunkler Schokolade, gepuffter Quinoa (falls verwendet), einem Hauch Carobpulver und den restlichen frischen Kirschen garnieren. Sofort genießen.

Diese Smoothie-Bowls enthalten dank Kirschen und Schokolade sehr viele Antioxidantien. Ich verwende gerne Carobpulver anstelle von Kakao, da es etwas fruchtiger schmeckt, kein Koffein und mehr Mineralstoffe enthält als Kakao. Kakao ist dennoch ein guter Schokoladenersatz, da er nicht so stark verarbeitet ist wie Schokolade.

TIPP

Gefrorene Bananen sind ein Muss, um diese supercremige und dicke Smoothie-Konsistenz zu erhalten. Wenn du Bananen in deiner Obstschale hast, die langsam braun werden, schäle und zerkleinere sie, fülle sie in wiederverschließbare Beutel oder Tupperware und friere sie zur späteren Verwendung ein.

Fluffy Erdbeer-Bananen-Smoothie-Bowl

Ergibt: 1 große Bowl oder 2 kleine Bowls
Vorbereitungszeit: 5 Min.

500 g geschälte Bananen, in Stücke geschnitten und gefroren
100 g frische oder gefrorene Erdbeeren
1 EL Mandelmus (oder Nussmus nach Wahl)
1 TL Vanilleextrakt
4 oder 5 Eiswürfel
2–3 EL Mandelmilch (optional)

TOPPINGS
4 oder 5 frische Erdbeeren, in Scheiben geschnitten
1 Banane, geschält und in dünne Scheiben geschnitten
2 TL gehobelte Mandeln
1 EL gefriergetrocknete Erdbeeren (optional)

Diese dickflüssige und cremige Smoothie-Bowl ist mein absoluter Favorit. Erdbeeren und Bananen sind eine Kombination, an der ich mich nie satt essen kann, und diese Köstlichkeit ist einfach zu machen, wunderbar süß und ein wahrer Genuss. So etwas wie eine Smoothie-Bowl an einem sonnigen Morgen ist kaum zu übertreffen. Die dicke Konsistenz gelingt durch das Einfrieren der Bananen, außerdem solltest du möglichst wenig Flüssigkeit hinzufügen.

Alle Zutaten außer der Mandelmilch in einen Mixer geben und das Ganze zu einer dicken und cremigen Masse pürieren. Nach Möglichkeit keine Flüssigkeit mehr hinzufügen. Du kannst aber 2–3 Esslöffel Mandelmilch zugeben, falls dein Mixer streikt. Auf eine Schüssel oder auf 2 Schüsseln aufteilen und mit den Toppings garnieren. Sofort genießen.

Bananen am Morgen sind einfach genial! Durch ihren hohen Anteil an Ballaststoffen wird die Verdauung angeregt und dazu sorgt Tryptophan für gute Laune. Bananen sind eine super Quelle für Kohlenhydrate, die bis zum Mittagessen satt machen.

TIPP

Gerade keine gefrorenen Erdbeeren zur Hand? Probiere gefrorene Himbeeren für eine hellere, süßere Variante oder Blaubeeren/Brombeeren für eine herrlich lila Bowl.

Supergrüner Smoothie

Ergibt: 4 große Gläser
Vorbereitungszeit: 5 Min.

250 g frische Ananas
3 Bananen, geschält, in Stücke geschnitten und gefroren
2 entsteinte Datteln
1 Apfel, halbiert
1 Kiwi, halbiert
1 EL Erdnussbutter (oder Nussmus nach Wahl)
60 g Grünkohl
60 g Spinat

Anstatt zum Mittagessen esse ich mein Gemüse gerne auch mal zum Frühstück und zwar als cremigen, erfrischenden Smoothie. Ich verwende gerne Spinat und Grünkohl in meinen Smoothies, denn man schmeckt sie nicht, wenn sie mit Obst gemischt werden. Ananas, Datteln, Apfel, Kiwi und Bananen verleihen diesem Power-Drink seine natürliche Süße. Gefrorene Bananen für Smoothies ergeben die wunderbar cremige Konsistenz eines Milchshakes und sie bilden die Grundlage für jeden Smoothie, den ich mache.

Ananas, gefrorene Bananen, Datteln, Apfel und Kiwi in einen Mixer geben, anschließend die Erdnussbutter, den Grünkohl, den Spinat und 300 ml Wasser hinzufügen. So lange mixen, bis alles schön cremig ist, und bei Bedarf noch etwas Wasser zugeben. Am besten sofort genießen, aber man kann den Smoothie falls nötig bis zu 24 Stunden im Kühlschrank aufbewahren.

Ich gebe immer gerne einen Löffel Nussmus in meine Smoothies, da durch das Fett der Zucker langsamer ins Blut freigesetzt und das Aroma verstärkt wird. Nussmus enthält außerdem viel Eiweiß, sodass man das Eiweißpulver weglassen kann.

TIPP

Hast du etwas Spinat oder Grünkohl im Kühlschrank, der aufgebraucht werden muss? Einfach gut abspülen, trocken schütteln und für zukünftige Smoothies einfrieren. Ich schneide immer mein überreifes Obst klein und friere es jede Woche ein – es fühlt sich einfach gut an, kein Obst wegzuwerfen, sondern alles zu verwerten.

Sunrise Smoothie

Ergibt: 2 große Gläser
Vorbereitungszeit: 10 Min.

250 g frische Pfirsiche, halbiert und entsteint
6 große Eiswürfel
200 ml vegane Milch nach Wahl
1 TL Tahini
½ TL gemahlener Zimt
180 g gefrorene Himbeeren

ZUM ANRICHTEN
1 frischer Minzezweig
3–4 Himbeeren
1 Pfirsichschnitz

Ich bereite diese fruchtige Leckerei immer dann zu, wenn ich eine Erfrischung brauche, denn dieser Smoothie enthält alle Farben eines sommerlichen Sonnenaufgangs. Die süße Kombination ist erfrischend und cremig, Tahini verleiht ihr eine köstliche nussige Note.

Zunächst den Pfirsich-Smoothie zubereiten. Dazu die Pfirsichhälften, 3 Eiswürfel, die Hälfte der veganen Milch, das Tahini und Zimt in einen Mixer geben. So lange mixen, bis die Masse glatt und cremig ist. Umfüllen und beiseitestellen.

Nun den Himbeer-Smoothie zubereiten. Die Himbeeren mit der restlichen veganen Milch und den Eiswürfeln in den Blender geben und erneut mixen. Er wird sehr dickflüssig sein – füge einen Esslöffel mehr Milch hinzu, wenn du möchtest, aber im Idealfall sollte er etwas dicker sein als der Pfirsich-Smoothie.

Den Pfirsich- und Himbeer-Smoothie abwechselnd in Gläser füllen und mit einem Strohhalm oder Löffel umrühren, sodass ein Strudel entsteht. Zum Schluss mit Minze, Himbeeren und Pfirsich garnieren.

Die Haut von Pfirsichen enthält viele Nährstoffe, sodass ich für diesen Smoothie gerne frische, ungeschälte Pfirsiche verwende. Sie gehören zur Familie der Rosengewächse, nimm also die am süßesten duftenden Exemplare für diesen Smoothie. Je süßer sie duften, desto reifer werden sie sein.

TIPP

Wenn du kein Tahini hast, tut es auch jedes andere Nussmus. Du kannst auch einen Teelöffel Kokosöl verwenden.

Mindful Matcha Iced Latte

Ergibt: 1 großer Matcha-Latte
Vorbereitungszeit: 5 Min.

½ TL hochwertiges Matcha-Pulver
250 ml Hafer- oder Vollfett-Kokosmilch
1 TL Ahornsirup oder Agavendicksaft (optional)
1 Handvoll Eiswürfel

Ich bin ein großer Matcha-Fan und dieser eisgekühlte Matcha-Latte ist mein tägliches Grundnahrungsmittel für den Sommer. Erfrischend, cremig und energiespendend, ohne einen aufzupeitschen, ist er eine unglaublich nahrhafte und belebende Alternative zu Kaffee. Es gibt unzählige Matcha-Sorten auf dem Markt. Allerdings ist Matcha nicht gleich Matcha, was sich auch im Preis bemerkbar macht. Nimm möglichst einen Matcha in Zeremonie-Qualität.

Das Matcha-Pulver mit 3 Esslöffeln kaltem Wasser in einem kleinen Becher schaumig schlagen. Die Hafermilch und den Ahornsirup (falls verwendet) in ein großes Glas geben und mit einem Löffel vermischen. Eiswürfel hinzufügen und über den Matcha-Schaum gießen. Sofort genießen.

Matcha besitzt viele wunderbare Eigenschaften, aber am liebsten mag ich seinen beruhigenden und zugleich anregenden Effekt. Das liegt an der auf natürliche Weise stressabbauenden Aminosäure namens L-Theanin, die die Entspannung fördert.

TIPP

Wenn du diesen Matcha-Latte dicker und eher wie einen Milchshake haben möchtest, gebe die Eiswürfel und die Milch in einen Mixer und mixe das Ganze, bis es dick und cremig ist. In ein Glas gießen, mehr Eis hinzufügen und dann über den Matcha gießen.

Traumhafter Iced Kirsch-Vanille-Latte

Ergibt: 2 große Latte
Vorbereitungszeit: 5 Min.

500 ml Mandelmilch
2 EL Ahornsirup oder Agavendicksaft
1 TL Vanilleextra
50 g entsteinte frische oder gefrorene Kirschen
1 EL Rosenwasser (optional)
2 TL Maca-Pulver (optional)
ein paar Eiswürfel

Mandelmilch, Vanille und Kirschen vereinen sich zu dieser Schönheit – samtweich, cremig und oh so romantisch mit einem Hauch von duftendem Rosenwasser. Ich füge ein wenig Maca-Pulver hinzu, ein starkes Adaptogen, das den Hormonhaushalt positiv beeinflussen und die Energie steigern kann und sich vorteilhaft auf die Libido auswirkt. Ich mische Maca bei jeder Gelegenheit in meine Getränke und Haferflocken, vor allem, wenn meine Hormone im Keller sind.

Die Hälfte der Mandelmilch mit Ahornsirup in einen Mixer geben, Vanilleextrakt, Kirschen, Rosenwasser und Maca-Pulver (falls verwendet) zugeben. Auf höchster Stufe ganz glatt mixen. In die Gläser Eiswürfel füllen und mit der restlichen Mandelmilch aufgießen. Die Kirschmischung darübergießen und sofort genießen.

Ich verwende Kirschen gerne wegen ihrer natürlichen Süße und Farbe. Dieser zarte Rosaton besänftigt mich immer! Man sagt, dass Kirschen den Melatoninspiegel im Körper erhöhen, was einen guten Nachtschlaf fördert.

TIPP

Wenn du keine Mandelmilch hast, kannst du sie durch deine bevorzugte vegane Milch ersetzen – Vollfett-Kokosmilch ist genauso köstlich und super cremig. Rosenwasser findest du im Asia-Shop in deiner Nähe oder online oder im Supermarkt im Spezialitätenregal.

Overnight Oats – für einen strahlenden Start in den Tag

Ergibt: 1 Portion
Vorbereitungszeit: 5 Min.

GRUNDREZEPT
50 g Haferflocken
1 TL Chiasamen
1 EL Ahornsirup oder Agavendicksaft
350 ml Wasser oder vegane Milch

Porridge ist von Gestern, jetzt sind Overnight Oats angesagt! Mit Overnight Oats macht sich dein Frühstück über Nacht wie von selbst. Und im Glas zubereitet, eignen sie sich perfekt zum Mitnehmen! Insbesondere, wenn Haferflocken noch nie dein Ding waren, solltest du Overnight Oats probieren – ihre Textur ist viel weicher und cremiger. Wenn du deine Haferflocken lieber warm magst, kannst du die Overnight Oats einfach aufwärmen. Ich habe aufgehört zu zählen, wie viele Varianten ich im Laufe der Jahre ausprobiert habe, aber diese drei Rezepte mag ich am liebsten.

Haferflocken, Chiasamen, Ahornsirup und Wasser in einem großen Gefäß mit einer Gabel vermischen. Abdecken und mindestens 1 Stunde oder über Nacht in den Kühlschrank stellen.

Bereite für alle nebenstehenden Rezepte die Haferflocken nach dem Grundrezept wie oben beschrieben zu und gehe dann nach dem jeweiligen Rezept vor, bevor du sie in den Kühlschrank stellst.

Haferflocken sind eine wunderbare Alternative fürs Frühstück, denn sie helfen, den Blutzuckerspiegel zu senken, liefern Energie und enthalten viele Nährstoffe. Ich liebe sie ganz besonders vor einem Workout!

TIPP

Du möchtest dein Frühstück gleich für ein paar Tage vorbereiten? Verdopple einfach das Grundrezept – die Overnight Oats halten sich bis zu 4 Tage gut im Kühlschrank.

Bananen und Erdnussbutter

½ Banane, zerdrückt
½ TL gemahlener Zimt
1 TL Erdnussbutter

TOPPINGS
2 EL gepuffte Quinoa
1 TL gemahlener Zimt
1 EL Erdnussbutter ohne Stückchen
1 EL Mandeln

Alle Zutaten zu den Overnight Oats geben, gut vermischen, beiseitestellen und mindestens 1 Stunde oder über Nacht eindicken lassen. Vor dem Servieren Toppings nach Belieben hinzufügen.

Blaubeeren und Vanille

130 g frische Blaubeeren
2 TL Vanilleextrakt

TOPPINGS
1 EL veganer Schokoladen-Haselnuss-Aufstrich
1 TL frische Minze
2 EL frische Blaubeeren
1 EL Chia-Beeren-Marmelade (siehe Seite 171)

Drei Viertel der Blaubeeren mit einer Gabel zu einem groben Mus zerdrücken. Die zerdrückten Blaubeeren und den Vanilleextrakt unter die Haferflocken rühren. Mit den restlichen Blaubeeren bestreuen und mit den anderen Toppings nach Belieben garnieren.

Tropical

Saft von ½ Limette
2 EL Kokosflocken
½ Kiwi, gewürfelt
½ Mango, geschält und gewürfelt

TOPPINGS
1 EL Kokosflocken
1 EL getrocknete Ananas
1 EL Ahornsirup oder Agavendicksaft

Den Limettensaft und den größten Teil der Kokosflocken unter die Haferflocken rühren. Drei Viertel der gewürfelten Kiwi und Mango unterrühren, dabei nach Belieben etwas für die Toppings übriglassen. Zum Schluss die restlichen Kokosflocken und Früchte zugeben.

TIPP
Für ein extra tropisches Aroma kannst du beim Grundrezept Vollfett-Kokosmilch verwenden.

Getreidefreies Wohlfühl-Porridge

Ergibt: 2 große Bowls
Vorbereitungszeit: 10 Min.
Kochzeit: 30 Min.

Wenn ich keine Haferflocken mehr sehen kann, komme ich immer wieder auf dieses getreidefreie Porridge zurück. Dieses wohltuende, cremige Buchweizen-Porridge wird bei Zimmertemperatur serviert und durch eingeweichte Cashews extra cremig.
Garniert mit gewürzter karamellisierter Birne und gerösteten Haselnüssen ergibt sich eine verlockende Mischung aus Konsistenz und wärmenden Aromen. Birnen sind säurearm und leicht verdaulich, was sie zum idealen Topping für dieses Wohlfühl-Frühstück macht.

KARAMELLISIERTE BIRNE

1 TL Pflanzenöl
2 EL Ahornsirup oder Agavendicksaft, plus etwas mehr zum Beträufeln
1 TL Kokosblütenzucker
½ TL gemahlene Gewürzmischung
1 Birne, in Hälften

CREMIGES BUCHWEIZEN-PORRIDGE

130 g Cashewkerne, über Nacht in kaltem Wasser eingeweicht
100 g Buchweizen, über Nacht in kaltem Wasser eingeweicht
1 TL Vanilleextrakt
2 entsteinte Datteln
2 EL Ahornsirup oder Agavendicksaft
½ TL gemahlener Ingwer
½ TL gemahlener Zimt
300 ml Mandelmilch

TOPPING

50 g Haselnüsse, grob gehackt
1 TL gemahlener Zimt

Zuerst die Birne backen. Den Ofen auf 180°C (Gas Stufe 4) vorheizen und ein Backblech mit Backpapier auslegen.

Pflanzenöl, Ahornsirup, Kokosblütenzucker und die Gewürzmischung in einer kleinen Schüssel vermischen. Die Birnenhälften auf das Backblech legen und mit der Ahornsirupmischung bestreichen. 30 Minuten lang im Ofen backen, bis die Birnen weich werden und karamellisieren. Nach 20 Minuten die Haselnüsse für das Topping auf einem kleinen Backblech in den Ofen schieben und die restlichen 10 Minuten mitrösten.

Die eingeweichten Cashewkerne und den Buchweizen abgießen und unter kaltem Wasser gut abspülen. Mit Vanilleextrakt, Datteln, Ahornsirup, Ingwer und Zimt in einen Mixer geben. 3–4 Minuten lang mixen, bis die Masse glatt und cremig ist.

Das Porridge in Schalen füllen und mit der karamellisierten Birne, einer Prise Zimt, den gerösteten Haselnüssen und nach Belieben einem zusätzlichen Spritzer Ahornsirup abrunden.

Birnen sind eine großartige Quelle für Ballaststoffe und wunderbar für eine reibungslose Verdauung. Die Schale von Birnen enthält mehr Phytonährstoffe als das Fruchtfleisch, daher nicht schälen!

TIPP

Du hast keine Birnen im Haus oder sie haben gerade keine Saison? Dieses Porridge schmeckt genauso köstlich mit frischen Beeren, Banane, Chia-Marmelade oder Blaubeerkompott.

Schokoladen-Chia-Pudding mit Himbeeren und Kokoscreme

Ergibt: 3 Portionen
Vorbereitungszeit: 10 Min. plus 1 Stunde Einweichzeit

CHIA-PUDDING
4 EL Chiasamen
350 ml Sojamilch
1½ EL Kakaopulver
1 TL Vanilleextrakt
½ TL gemahlener Zimt
1 TL Maca-Pulver (optional)
2 EL Agavendicksaft
1 EL Erdnussbutter ohne Stückchen

TOPPING
1 Dose Vollfett-Kokosmilch à 400 g, nur die Creme (siehe Tipp)
1 TL Vanilleextrakt
100 g frische Himbeeren

Mit Kokoscreme und Himbeeren garniert, besitzt dieser schokoladige Chia-Pudding eine natürliche Süße, ist aber dekadent genug, um auch als Dessert durchzugehen! Der Pudding auf Basis von Chiasamen passt perfekt zu den fruchtigen Himbeeren. Ich püriere ihn, so wird er glatter und cremiger als normaler Chia-Pudding. Chiasamen sind kleine, energiegeladene Kraftpakete für den Körper und wirken in gequellter Form besonders verdauungsfördernd. Als Topping füge ich gerne Kokoscreme für zusätzliche Süße und etwas Vanille hinzu. Außerdem habe ich Erdnussbutter als Geschmacksverstärker und Protein-Booster verwendet.

Chiasamen, Sojamilch, Kakaopulver, Vanilleextrakt, Zimt, Maca-Pulver (falls verwendet) und Agavendicksaft in einer Schüssel vermischen. Mit einer Gabel gut umrühren, um eventuelle Klümpchen aufzulösen. Zum Eindicken mindestens 1 Stunde in den Kühlschrank stellen. Anschließend den Chia-Pudding in einen Mixer geben und die Erdnussbutter hinzufügen. 2 Minuten lang mixen, bis die Masse glatt ist. Die Mischung gleichmäßig auf drei Gläser oder Schüsseln verteilen.

Das Fett aus der Kokosmilchdose in eine kleine Schüssel abschöpfen. Mit einer Gabel Vanilleextrakt unterrühren und einen gehäuften Esslöffel davon auf jeden Chia-Pudding geben. Zum Schluss mit Himbeeren dekorieren und genießen!

Chiasamen enthalten Kalzium, Vitamin C, Eisen und Kalium und sind eine gute Quelle für Omega 3 und Protein – eine gesunde Wahl fürs Frühstück! Kakaopulver verleiht dem Pudding nicht nur ein vollmundiges Schokoladenaroma, es besitzt auch stimmungsaufhellende Eigenschaften und hilft, mit positiven Gefühlen in den Tag zu starten.

TIPP

Kühle die Kokosmilch am Vortag im Kühlschrank. Die dicke Creme setzt sich dann oben in der Dose ab. Wenn du Kokosmilch mit hohem Fettgehalt kaufen möchtest, schüttle die Dose: Wenn sich die Flüssigkeit darin kaum bewegt, hast du eine gute Dose erwischt!

BESONDERE BRUNCHES

Nicht nur am Wochenende, sondern auch an Tagen, an denen man länger im Bett bleiben oder den Tag gemütlich mit Freunden beginnen möchte, ist ein Brunch eine wunderbare Sache.

Ab und zu ein paar Stunden länger zu schlafen, kann für unsere körperliche und geistige Gesundheit wahre Wunder wirken. Studien zeigen, dass Ausschlafen am Wochenende den Stoffwechsel ankurbeln und den Hormonhaushalt im Gleichgewicht halten kann.

Obwohl ein Brunch typischerweise um die Mittagszeit herum gegessen wird, ist er dennoch die erste Mahlzeit des Tages, daher sollte er dich mit genügend Energie für den Rest des Tages auftanken. Die Rezepte in diesem Kapitel sind gehaltvoll, nahrhaft und ein bisschen besonders, denn das brauchen wir alle manchmal, oder?

Leuchtend rote Himbeermarmelade und Erdnussbutter-Crêpes

Ergibt: 6–7 Crêpes
Vorbereitungszeit: 15 Min.
Kochzeit: 5 Min.

CRÊPES
250 g Weizenmehl Type 550
1 EL Kokosblütenzucker
1 EL Sonnenblumen-, Pflanzen- oder Kokosnussöl plus etwas mehr zum Ausbacken
350 ml Sojamilch

FÜLLUNG
2 EL Erdnussbutter ohne Stückchen
2 EL Himbeermarmelade

ZUM ANRICHTEN
125 g frische Himbeeren
125 g frische rote Johannisbeeren

Pancakes waren von klein auf meine Leibspeise, insbesondere die dünnen Crêpes, die meine Mutter am Pancake Day, in alter britischer Tradition am Dienstag vor Aschermittwoch, gebacken hat. Heute, als Erwachsene, bereite ich sie an den meisten Wochenenden für mich und meinen kleinen Schatz zu. Dieses Rezept ist so einfach: Man braucht nur vier Zutaten für die perfekten leichten und knusprigen Crêpes. Sie werden mit Erdnussbutter und Marmelade gefüllt – eine Kombination, die immer einen besonderen Platz in meinem Herzen haben wird. Zusammen machen sie diese Crêpes einfach köstlich. Wenn du ein traditionelles Topping bevorzugst, kannst du mit einem großzügigen Spritzer Zitronensaft und einer Prise Zucker nichts falsch machen.

Mehl und Zucker in eine Schüssel geben und mit einem Schneebesen vermischen. Öl und Milch hinzugeben und alles zu einem glatten Teig rühren. Der Teig sollte dickflüssig sein, aber leicht von einem Löffel laufen – bei Bedarf ein oder zwei Esslöffel mehr Milch hinzufügen.

Eine Pfanne mit Antihaftbeschichtung auf mittlerer Flamme erhitzen und mit etwas Öl einpinseln, dann eine Kelle des Teigs hineingießen und die Pfanne schnell schwenken, um den Teig gleichmäßig zu verteilen. Die Crêpes backen, bis sich die Ränder zu wölben beginnen und sich Blasen bilden – etwa 45 Sekunden – dann wenden und etwa 45 Sekunden auf der anderen Seite backen. Auf einen Teller geben und mit einem sauberen Geschirrtuch abdecken oder bis zum Servieren bei niedriger Temperatur im Ofen warmhalten. Den Vorgang mit dem restlichen Teig wiederholen.

Jeden Crêpe mit Erdnussbutter und Marmelade bestreichen und zusammenklappen. Zum Servieren mit frischen Himbeeren und Johannisbeeren garnieren.

Himbeeren sind zuckerarm und ballaststoffreich und damit das ideale Frühstücksobst. Sie sind außerdem reich an Polyphenolen, die dazu beitragen können, die Symptome des Alterns zu reduzieren. Extra Himbeeren, bitte!

TIPP

Wenn du nicht vorhast, alle Crêpes auf einmal zu backen, hält sich der abgedeckte Teig bis zu 2 Tage im Kühlschrank – ideal für ein schnelles Frühstück oder einen Snack.

Regenbogen-Waffeln mit Aquafaba

Ergibt: 7–8 Waffeln
Vorbereitungszeit: 15 Min.
Kochzeit: 10 Min.

1 Dose Kichererbsen à 400 g, nur die Flüssigkeit (etwa 30 g aufgeschlagenes Aquafaba)
150 g Weizenmehl Type 550
50 g Hafermehl (oder durch Weizenmehl ersetzen)
1 EL Maisstärke
1 EL Backpulver
3 EL Kokosblütenzucker (oder anderer Zucker nach Wahl)
230 ml Sojamilch
50 ml (3½ EL) Pflanzenöl oder raffiniertes Olivenöl
1 EL Sonnenblumen-, Pflanzen- oder Kokosöl zum Einfetten

REGENBOGEN-TOPPINGS
200 g veganer Joghurt
Blau
½ TL Schmetterlingserbsenpulver
2 EL frische Blaubeeren
Pink
¼ TL Rote-Bete-Pulver
2 EL Erdbeeren und Himbeeren
Grün
¼ TL Matcha-Pulver
½ Kiwi, fein gehackt
1 EL gepoppte Quinoa
Gelb
¼ TL gemahlene Kurkuma
¼ Mango, gewürfelt
1 TL geröstete Kokoschips
Lila
4 frische Brombeeren, mit einer Gabel zerdrückt
2 EL frische Brombeeren
1 EL frische Minzblätter

ERFORDERLICHE UTENSILIEN
Waffeleisen

Diese köstlich knusprigen Regenbogen-Waffeln versüßen dir den ganzen Tag! Damit der Teig schön locker wird, bereitet man sie mit aufgeschlagenem Aquafaba zu. Veganer Joghurt und Früchte in Regenbogenfarben sorgen für eine herrlich bunte Farbenpracht. Auf dieses Rezept komme ich immer wieder zurück: Die Konsistenz der Waffeln ist himmlisch, und es macht mir unglaublich viel Spaß, sie zu verzieren.

Als erstes das Aquafaba vorbereiten. Die Kichererbsen abtropfen lassen und dabei die Flüssigkeit auffangen. Die Hälfte der Flüssigkeit in eine saubere Schüssel oder einen Standmixer mit Schneebesen geben. Mit dem Schneebesen auf höchster Stufe 8–10 Minuten schlagen, bis sich weiche Spitzen bilden. Beiseitestellen.

Weizenmehl, Hafermehl, Maisstärke, Backpulver und Kokosblütenzucker in eine Schüssel geben und vermischen. Eine Vertiefung in die Mitte drücken und die Sojamilch und das Öl hineinfüllen. Zuerst die Flüssigkeiten vermischen, dann nach und nach das Mehl unterrühren und alles zu einem dicken Teig verarbeiten. Zuletzt 30 g des aufgeschlagenen Aquafaba unterheben.

Ein Waffeleisen aufheizen und mit einem Esslöffel Öl bestreichen. Pro Waffel 2 Esslöffel Teig auf das Waffeleisen geben und entsprechend der Anleitung für das Waffeleisen backen, oder bis die Waffeln knusprig und golden sind.

Für die Toppings den Joghurt auf 5 kleine Schalen verteilen. Jeweils mit Schmetterlingserbsenpulver für die blaue Farbe, Rote Bete für Rosa, Matcha-Pulver für Grün, Kurkuma für Gelb und Brombeeren für Lila vermischen. Nach Belieben mit Früchten und Toppings dekorieren. Am besten sofort verspeisen. Waffeln ohne Belag können aber auch eingefroren und dann im Toaster aufgewärmt werden.

Aquafaba ist die Flüssigkeit von gegarten Kichererbsen aus der Dose, die man normalerweise entsorgt. Aufgeschlagen ist Aquafaba ein großartiger Eischnee-Ersatz. Ich fülle es immer in Eiswürfelbehälter und friere es auf Vorrat ein.

TIPP

Kein Hafermehl vorrätig? Spare dein Geld und mache dein eigenes. Zerkleinere einfach ein paar Haferflocken in einer Küchenmaschine oder einem Mixer, bis du ein feines Mehl hast.

Himmlisches Schokoladen-Erdbeer-Granola

Ergibt: 330 g Granola (genug für ein großes Glas)
Vorbereitungszeit: 10 Min.
Backzeit: 25 Min.

170 g Haferflocken (oder glutenfreie Haferflocken)
50 g Carob- oder Kakaopulver
50 g Kokosblütenzucker oder ein anderer Zucker
80 g Kokosraspeln
150 g ganze Mandeln, grob gehackt (oder Walnüsse, Cashewkerne oder Pekannüsse)
½ TL Meersalz
60 ml Ahornsirup oder Agavendicksaft
1 TL Vanilleextrakt
80 ml Kokosöl, geschmolzen
90 g vegane Schokoladenchips
10 g gefriergetrocknete Erdbeerstücke

Wer sagt denn, dass Schokolade und Erdbeeren nur etwas für besondere Anlässe sind?
Du kannst sie jeden Tag mit diesem herrlich knusprigen und natürlich süßen Granola genießen. Es ist kinderleicht herzustellen, wird in einer einzigen Schüssel zusammengerührt und braucht weniger als eine halbe Stunde zum Backen. Am liebsten mag ich es zum Frühstück mit eiskalter Mandelmilch, aber ich esse auch ganz gerne eine kleine Schüssel am späten Abend mit etwas veganem Joghurt und einem großzügigen Spritzer Ahornsirup. Es ist viel preisgünstiger und gesünder als Müsli aus dem Supermarkt, besitzt aber einen angenehm intensiven Schokoladengeschmack. Das Rezept ist super variabel, sodass du dein Granola mit allem, was du gerade zur Hand hast, variieren kannst.

Den Ofen auf 180°C (Gas Stufe 4) vorheizen. Ein großes Backblech mit Backpapier auslegen und beiseitestellen.

In einer großen Rührschüssel Haferflocken, Carobpulver, Kokosblütenzucker, Kokosraspeln, Mandeln und Meersalz vermischen. Agavendicksaft, Vanilleextrakt und geschmolzenes Kokosöl hinzufügen und gründlich umrühren, bis alle Zutaten bedeckt sind und alles gleichmäßig vermischt ist. Das Granola gleichmäßig auf dem ausgelegten Backblech verteilen und 25 Minuten backen, bis es leicht angeröstet und goldgelb ist.

Anschließend das Backblech auf ein Gitter stellen, bis das Granola auf Zimmertemperatur abgekühlt ist. Dann die Schokoladenchips und die gefriergetrockneten Erdbeerstücke untermischen. Sofort servieren oder in einem luftdichten Behälter bis zu 1 Monat aufbewahren.

Schokolade und Erdbeeren enthalten Antioxidantien, die dazu beitragen können, das Infektionsrisiko zu senken und das Immunsystem zu stärken. Beide Zutaten gelten außerdem als Aphrodisiakum – mit ihnen kannst du dein Liebesleben in Schwung bringen!

TIPP

Magst du Granola lieber etwas gröber? Drücke die Mischung vor dem Backen flach auf das Backblech und brich es er nach dem vollständigen Abkühlen in größere Stücke. Das ergibt eine gröbere Konsistenz mit vielen nussigen Granola-Stücken.

Beeren-Pizza zum Frühstück

Ergibt: 7–8 Pizzastücke
Vorbereitungszeit: 10 Min.
Gefrierzeit: 10 Min.

BODEN
180 g Haferflocken (kann durch glutenfreie Haferflocken ersetzt werden)
100 g roher Buchweizen
60 g Sonnenblumenkerne
120 g Mandelmus
1 TL gemahlener Zimt
2 EL Ahornsirup oder Agavendicksaft
60 g Kokosöl, geschmolzen

TOPPINGS
7 EL Kokosjoghurt
100 g frische Beeren nach Belieben
2 EL Pistazien
2 EL gepoppte Quinoa

ERFORDERLICHE UTENSILIEN
Runde Tarteform mit 23 cm Durchmesser oder rundes Pizzablech

Zu oft ein zu langweiliges Frühstück gehabt? Dann brauchst du vielleicht diese geniale Frühstückspizza! Ein Boden aus Haferflocken (ohne Backen), belegt mit köstlichem Kokosjoghurt, frischen Beeren, Pistazien und gepoppter Quinoa. Diese proteinreiche Pizza mit wertvollen gesunden Fetten hält dich fit bis in den Nachmittag! Sie ist auch als leichtes Dessert super lecker.

Haferflocken, Buchweizen und Sonnenblumenkerne in einen Mixer oder eine Küchenmaschine geben und zu einer krümeligen Masse mixen. Alle übrigen Zutaten hinzufügen und mit der Impuls-Funktion (siehe Glossar) des Mixers bzw. der Küchenmaschine mixen. Langsam 60 ml Wasser hinzufügen und verarbeiten, bis die Mischung allmählich eine teigähnliche Konsistenz annimmt. Sie sollte leicht zwischen den Fingern haften.

Eine Tarteform oder ein Pizzablech mit Backpapier auslegen und den Teig gleichmäßig hineindrücken, um den Boden und den Rand zu formen. 10 Minuten in den Gefrierschrank bzw. das Gefrierfach legen, damit er fest wird.

Anschließend den Teig aus dem Gefrierschrank nehmen und mit Kokosjoghurt, Beeren, Pistazien und gepoppter Quinoa garnieren.

Buchweizen ist ein so vielseitiges und nahrhaftes Superfood. Er ist eher ein Fruchtsamen als ein Getreide und daher kohlenhydratarm. Außerdem enthält er eine gesunde Portion Ballaststoffe, genau das Richtige fürs Frühstück.

TIPP

Reste kannst du im Gefrierschrank bzw. im Gefrierfach bis zu 2 Wochen aufheben. Vor dem Servieren einfach etwas auftauen lassen.

Waffel-Sandwich mit Cashewmus

Ergibt: 2 Waffel-Sandwiches
Vorbereitungszeit: 5 Min.
Kochzeit: 5 Min.

DINKELWAFFELN
140 g Dinkelmehl oder Weizenmehl Type 550
1 EL Maisstärke
¼ TL Meersalz
1½ TL Backpulver
2 EL Rohrzucker
200 ml Vollfett-Kokosmilch
3 EL Pflanzenöl, plus etwas Öl zum Einfetten

FÜLLUNG
4 EL Cashew- oder anderes Nussmus
4 EL Chia-Beeren-Marmelade (siehe Seite 171)
3 frische Erdbeeren, in dünne Scheiben geschnitten

ERFORDERLICHE UTENSILIEN
Waffeleisen

Mit diesen genialen Waffel-Sandwiches erreicht dein Brunch ein neues Level! Knusprige Dinkelwaffeln, gefüllt mit cremigem Cashewmus und frischer Erdbeer-Chia-Marmelade. Und wenn du kein Cashewmus im Haus hast, schmecken sie genauso gut mit Erdnussbutter.

Mehl, Maisstärke, Salz, Backpulver und Zucker in eine Rührschüssel geben und gut vermischen. In die Mitte eine Vertiefung drücken und die Kokosmilch und das Pflanzenöl hinzufügen. Kurz umrühren und alles vermengen.

Das Waffeleisen aufheizen und mit einem Esslöffel Öl leicht einfetten. Pro Waffel einen gehäuften Esslöffel Teig hineingeben und 5–7 Minuten backen, bis sie knusprig und goldgelb sind.

Eine Waffel mit Cashewmus und Chia-Erdbeer-Marmelade bestreichen, mit frischen Erdbeerscheiben belegen und eine weitere Waffe auflegen – fertig ist das Sandwich. Einmal in der Mitte durchschneiden und servieren.

Diese Waffel-Sandwiches sind so vielseitig. Ich liebe sie auch mit selbst gemachtem Mandelmus (siehe Seite 182).

TIPP

Du kannst Cashewmus ganz einfach selbst machen: 450 g geröstete Cashews mit 1 Teelöffel Salz in einer Küchenmaschine etwa 5–10 Minuten lang mixen, bis die Masse sehr glatt und cremig ist. Im Kühlschrank bis zu 3 Wochen aufbewahren. Ergibt etwa 375 g Cashewmus.

Goldene Kichererbsen-Pancakes

Ergibt: 10 kleine Pancakes
Vorbereitungszeit: 5 Min. plus Ruhezeit
Kochzeit: 10 Min.

180 g Kichererbsenmehl
½ TL Backpulver
½ TL gemahlener Kreuzkümmel
¼ TL gemahlenes Chilipulver
½ TL gemahlene Kurkuma
½ TL Meersalz
¼ TL frisch gemahlener schwarzer Pfeffer
2 EL Kokos- oder Pflanzenöl

TOPPINGS
100 g Cherrytomaten
1 Avocado, geschält, entkernt und püriert

Wenn du auf die Schnelle Lust auf etwas Herzhaftes hast, sind diese proteinreichen Pancakes genau das Richtige. Sie werden ruckzuck aus Kichererbsenmehl gemacht, das von Natur aus glutenfrei ist, und schmecken köstlich mit den aromatischen indischen Gewürzen. Als Frühstück oder Brunch sind die herzhaften Pancakes, belegt mit warmen Cherrytomaten und Avocado, genau der richtige Energieschub für einen ganzen Tag.

Alle Zutaten, bis auf das Öl, in eine mittelgroße Schüssel geben. 170 ml kaltes Wasser hinzufügen und mit einer Gabel gut verrühren. 15 Minuten beiseitestellen, damit der Teig etwas quellen kann.

Das Öl in einer mittelgroßen Bratpfanne auf mittlerer Flamme erhitzen. Einen gehäuften Esslöffel Teig in die Pfanne geben und die Pancakes etwa 1 Minute auf jeder Seite backen, bis sich an der Oberfläche Blasen bilden, dann wenden und den Vorgang auf der anderen Seite wiederholen. Die fertig gebackenen Pancakes auf einen Teller legen und zum Warmhalten mit einem sauberen Geschirrtuch abdecken.

Die Cherrytomaten in die heiße Pfanne geben und 4–5 Minuten anbraten, bis sie leicht aufplatzen. Zusammen mit den Kichererbsen-Pancakes und der pürierten Avocado servieren.

Diese goldgelben Pancakes erhalten ihren sonnigen Farbton durch das Kichererbsenmehl und Kurkuma. Kurkuma ist benannt nach dem lateinischen Begriff *terra merita*, der sich auf das gelbe Pigment in der Erde bezieht.

TIPP

Damit es beim Frühstück oder Brunch schneller geht, kannst du diesen Teig im Voraus zubereiten. Er hält sich bis zu 4 Tage gut im Kühlschrank. Kichererbsenmehl findest du im Supermarkt häufig im Regal mit den internationalen Lebensmitteln.

Sunshine Joghurt

Ergibt: 2 Becher
Vorbereitungszeit: 10 Min.
Kochzeit: 10 Min.

2 frische Mangos, geschält und gewürfelt
200 g Kokosjoghurt
6 kleine essbare Blumen zur Dekoration

GRANOLA
1 EL Kokosöl
60 g Haferflocken
3 EL Kokosraspeln
30 g ungesalzene Cashewkerne, grob gehackt
½ TL gemahlener Zimt
⅛ TL Meersalz
2 EL Agavendicksaft oder Ahornsirup

Dieses tropisch anmutende Dessert ist ein wahrer Lichtblick am Morgen! Es besteht aus Schichten von cremigem Kokosjoghurt, frischem Mangopüree und einem in 5 Minuten auf dem Herd zubereiteten Granola. Die Joghurts kann man ganz einfach schon am Vortag für den nächsten Morgen zusammenstellen – als blitzschnelles Frühstück für Eilige. Außerdem sind sie auch noch gesund, weil sie kaum raffinierten Zucker und Fett enthalten.

Zuerst das Granola zubereiten. Das Kokosöl in einer Pfanne auf mittlerer Flamme erhitzen. Sobald es geschmolzen ist, die Haferflocken dazugeben und gut umrühren, bis sie mit Öl bedeckt sind. 5–7 Minuten anbraten, dabei häufig umrühren, damit sie nicht anbrennen. Anschließend die restlichen Zutaten hinzufügen und 4–5 Minuten lang braten, bis alles schön knusprig ist und duftet. Vom Herd nehmen und abkühlen lassen.

Den größten Teil der gewürfelten Mango in eine Küchenmaschine geben, dabei ein paar Esslöffel für das Topping aufheben. So lange mixen, bis die Masse glatt ist. 2 kleine Gläser mit Kokosjoghurt und Mangopüree aufschichten. Mit der restlichen frischen Mango, einem großzügigen Löffel Granola und essbaren Blüten garnieren.

Mangos können deine Haut zum Strahlen bringen, da sie reich an Vitamin A und C sind. Außerdem enthalten sie viel Weinsäure, Apfelsäure und Zitronensäure, die basisch wirken und dem Körper gegen Übersäuerung helfen.

TIPP

Dieses Rezept ergibt etwas mehr Granola, als du verbrauchen wirst. Hebe den Rest in einem luftdichten Glas auf und verwende es mit veganer Milch oder als köstliches Topping für Frühstücksflocken oder Smoothie Bowls.

HERZHAFTE HAUPT-GERICHTE

Auch wenn ich eine richtige Naschkatze bin, schlägt mein Herz im Grunde immer für etwas Herzhaftes. Ich bin stets erstaunt über die Geschmacksfülle, die mit ein paar einfachen, farbenfrohen Zutaten entsteht. Ein köstliches Abendessen zu kochen bedeutet, sich bewusst auf die einzelnen Lebensmittel zu konzentrieren und sich Zeit für ihre Zubereitung zu nehmen. Ich liebe es, in meine Gewürzdosen zu greifen, frische Kräuter aus dem Garten zu schnippeln, und es fühlt sich ungeheuer befriedigend an, das Gemüse zu verwerten, das im Kühlschrank noch übrig ist.

In diesem Kapitel stelle ich dir meine Lieblingsgerichte vor, darunter ein paar, die schon seit über zehn Jahren in meinem handgeschriebenen Rezeptbuch stehen. Meine Hauptmahlzeit des Tages soll mich satt und glücklich machen! Frische Zutaten, viele Vollwertprodukte und jede Menge farbenfrohes Gemüse hinterlassen bei mir immer große Zufriedenheit und ein wohlig-warmes Sättigungsgefühl.

Da ich den Löwenanteil an Gemüse zu meiner Hauptmahlzeit esse, versuche ich meistens so viele verschiedene Gemüsesorten der Saison wie möglich zu verwenden. Man gewöhnt sich sonst nämlich schnell an, immer das Gleiche zu essen. Saisonales Obst und Gemüse kann dabei helfen, Abwechslung in unsere Ernährung zu bringen. Wenn wir im Rhythmus der Jahreszeiten essen und viel Farbe auf unseren Teller bringen, tun wir obendrein unserem Körper mit den vielen verschiedenen Vitaminen und Nährstoffen etwas richtig Gutes.

Cosy Blumenkohl und Kokos-Curry

Ergibt: 4 Portionen
Vorbereitungszeit: 10 Min.
Kochzeit: 30 Min.

3 EL Pflanzenöl
1 Zwiebel, gewürfelt
4 Knoblauchzehen, gehackt
2 TL frisch geriebener Ingwer
2 TL Garam Masala
1 TL gemahlener Kreuzkümmel
½ TL gemahlener Koriander
½–1 TL Chilipulver, zum Abschmecken
½ TL gemahlene Kurkuma
1 TL Meersalz
½ TL frisch gemahlener schwarzer Pfeffer
1 Blumenkohl, in Röschen geschnitten
1 Dose Kichererbsen à 400 g, abgetropft
1 Dose gehackte Tomaten à 400 g
175 ml Vollfett-Kokosmilch

ZUM ANRICHTEN
1 Handvoll frischer Koriander
1 EL Chiliflocken (optional)
Limettenspalten
Ganz einfache Roti (siehe Seite 173)

Mit diesem einfachen Curry aus Blumenkohl, Kichererbsen und wohltuender Kokosmilch hast du in nur 30 Minuten ein herrlich aromatisches Festessen gezaubert. Blumenkohl ist ein wunderbares Gemüse für ein Curry, da er alle Aromen der duftenden indischen Gewürze aufsaugt. Mir knurrt immer der Magen, wenn ein Topf mit Curry auf dem Herd vor sich hin köchelt und der Duft durch das ganze Haus zieht. Serviert mit fluffigem Basmatireis und meinen einfachen Roti (siehe Seite 173), ist das Gericht eine gesunde und köstliche Alternative zu einem Essen zum Mitnehmen. Dieses Curry lässt sich auch wunderbar einfrieren und eignet sich daher prima als Meal Prep.

Das Pflanzenöl in einer mittelgroßen Pfanne auf mittlerer Flamme erhitzen. Die Zwiebel hinzufügen und 5 Minuten lang anbraten, bis sie weich ist und duftet. Knoblauch und Ingwer dazugeben und weitere 2 Minuten braten, dann die Gewürze, Salz und Pfeffer zugeben, umrühren, damit sich alles gleichmäßig verteilt, und weitere 5 Minuten kochen. Etwas Wasser hinzufügen, wenn das Ganze am Pfannenboden ansetzt.

Den Blumenkohl, die Kichererbsen und die gehackten Tomaten hinzufügen, den Deckel auflegen und 20 Minuten köcheln lassen. Anschließend die Kokosmilch unterrühren und weitere 10 Minuten köcheln lassen. Abschmecken und nach Belieben würzen. Mit Koriander und Chiliflocken bestreuen (sofern verwendet) und mit Reis, Limettenspalten und hausgemachten Roti servieren.

Kurkuma ist eine wesentliche Zutat der indischen Küche. Bekannt für seine leuchtend gelbe Farbe, hat dieses Gewürz zahlreiche gesundheitliche Vorteile. Beispielsweise hilft es bei der Kontrolle des Blutzuckerspiegels und fördert die Verdauung, stärkt das Immunsystem und hat eine entzündungshemmende Wirkung auf den Körper.

TIPP

Du willst das Gericht auch für Kinder kochen oder für alle, die keine Fans von scharfem Essen sind? Lass einfach das Chilipulver weg – das Curry behält immer noch sein volles Aroma bei.

Regenbogen-Röstgemüse vom Blech

Ergibt: 4 Portionen
Vorbereitungszeit: 10 Min.
Kochzeit: 35 Min.

3 EL Olivenöl
1 rote Paprikaschote, entkernt und in 2,5 cm große Stücke geschnitten
1 orangefarbene Paprikaschote, entkernt und in 2,5 cm große Stücke geschnitten
1 gelbe Paprikaschote, entkernt und in 2,5 cm große Stücke geschnitten
150 g Cherrytomaten, halbiert
1 große Süßkartoffel, geschält und in 2,5 cm große Stücke geschnitten
1 Zucchini, in 2,5 cm große Stücke geschnitten
2 rote Zwiebeln, geschält und in 2,5 cm große Stücke geschnitten
1 TL frischer oder getrockneter Thymian
1 TL Kreuzkümmelsamen
1 TL geräuchertes Paprikapulver
1 TL Sumach
1 TL Meersalz
½ TL frisch gemahlener schwarzer Pfeffer

Mit diesem Regenbogengemüse kannst du echte Regenbogen-Vibes in deine Küche bringen – ein Blech voll buntem Gemüse, das je nach Saison variiert werden kann. Immer dann, wenn ich mich nicht entscheiden kann, was ich kochen soll, röste ich erst einmal Gemüse, denn es lässt sich mühelos zubereiten und ist unglaublich vielseitig. Probiere es in Buddha Bowls, in Pasta eingerührt, in Fladenbrot mit Hummus verpackt oder serviere es als farbenfrohe Beilage zu einem Partyaufstrich.

Den Backofen auf 180 °C (Gas Stufe 4) vorheizen und ein großes Backblech mit 1 Esslöffel Olivenöl einfetten.

Das Gemüse der Farbe nach auf dem gefetteten Backblech anordnen. Mit Thymian, Kreuzkümmel, Paprikapulver und Sumach bestreuen, alles mit Salz und Pfeffer würzen und mit dem restlichen Olivenöl beträufeln. 30–35 Minuten rösten, bis das Gemüse weich ist und die Ränder leicht braun werden. Aus dem Ofen nehmen und servieren.

Alle Gemüsesorten erhalten ihre schönen Farben und Aromen aus sekundären Pflanzenstoffen, die auch der Gesunderhaltung der Pflanze dienen. Die gleichen sekundären Pflanzenstoffe können helfen, unser Herz gesund zu halten, insbesondere rotes und orangefarbenes Gemüse. Und je farbenfroher du kochst, umso mehr Vitamine bekommt dein Körper.

TIPP

Du hast nicht alle angegebenen Gemüsesorten vorrätig? Kein Problem, verwende entweder mehr von den anderen Gemüsesorten oder nehme stattdessen Karotten, Kürbis, Auberginen, Pastinaken oder Blumenkohl. Bewahre die Reste in einem verschlossenen Behälter im Kühlschrank bis zu 3 Tage auf.

Mit Chili gefüllte Süßkartoffeln

Ergibt: 6 Portionen
Vorbereitungszeit: 5 Min.
Kochzeit: 40 Min.

2 EL Olivenöl
1 Zwiebel
2 rote Paprikaschoten, entkernt
1 Zucchini
1 rote Chilischote, entkernt und fein gewürfelt
3 Knoblauchzehen, gehackt
1 Dose Kidneybohnen à 400 g, abgetropft
1 Dose Mais à 160 g
1 Dose gehackte Tomaten à 400 g
3 EL Tomatenmark
2 TL gemahlener Kreuzkümmel
2 TL getrockneter Oregano
½ TL Cayennepfeffer
¼ TL Chilipulver
je ½ TL Meersalz und frisch gemahlener schwarzer Pfeffer
3 Süßkartoffeln

ZUM ANRICHTEN
¼ Salatgurke, gewürfelt
½ Avocado, geschält und gewürfelt
3 EL frisch gehackter Koriander

Mit Chili gefüllte Süßkartoffeln sind eines meiner Lieblingsgerichte überhaupt. Wenn es draußen kalt ist, gibt es nichts Besseres. Für dieses Rezept verwende ich sieben verschiedene Gemüsesorten und trotzdem ist das Gericht in weniger als 45 Minuten fertig. Es strotzt nur so vor Proteinen und Aromen und schmeckt am nächsten Tag noch besser. Die Reste kann man einfrieren oder kaltstellen und sie für ein anderes Gericht verwenden.

Das Öl in einem großen Topf auf mittlerer Flamme erhitzen. Zwiebel, Paprikaschoten und Zucchini in gleichmäßig große Stücke schneiden und zusammen mit Chili, Knoblauch, Kidneybohnen und Mais in die Pfanne geben. 5 Minuten lang dünsten, bis alles weich ist, dann die Tomaten, das Tomatenmark, den Kreuzkümmel, Oregano, Cayennepfeffer, Chilipulver sowie Salz und Pfeffer zugeben. Den Herd herunterschalten und 40 Minuten lang köcheln lassen.

Den Backofen auf 200 °C (Gas Stufe 6) vorheizen.

Die Süßkartoffeln auf einem Backblech in den Ofen schieben und 20–25 Minuten backen, bis sie sich mit einem Messer leicht einstechen lassen. Aus dem Ofen nehmen und warten, bis sie ausreichend abgekühlt sind, dann aufschneiden und mit dem Chili füllen. Mit Gurke, Avocado und frischem Koriander als Toppings servieren.

Süßkartoffeln lassen sich hervorragend backen, da sie schneller garen als normale Kartoffeln. Ihre schöne orange Farbe verdanken sie ihrem hohen Gehalt an Vitamin A. Eine einzige mittelgroße Süßkartoffel enthält 120 Prozent der empfohlenen Tagesdosis an Vitamin A und 30 Prozent des notwendigen Vitamins C.

TIPP

Chili-Reste sind sehr vielseitig verwendbar. Ich serviere sie gerne mit Nachos, Reis oder in Wraps mit Salat als leckeres Mittagessen.

Süß-saure Tofu-Bowls

Ergibt: 3–4 Portionen
Vorbereitungszeit: 10 Min.
Kochzeit: 40 Min.

250 g fester Tofu, abgetropft und in 2 cm große Würfel geschnitten
2 EL Pflanzen- oder Kokosöl
1 Zwiebel, in Ringe geschnitten
¼ Ananas, in 2,5 cm große Stücke geschnitten
4 EL Cashewkerne
1 rote Paprikaschote, entkernt und in 2,5 cm große Stücke geschnitten
1 gelbe Paprikaschote, entkernt und in 2,5 cm große Stücke geschnitten
2 EL Sojasauce

SÜSS-SAURE SAUCE
200 ml Orangensaft (aus etwa 2 großen Orangen oder Orangensaft)
2 EL Tomatenketchup
2 EL Sojasauce
80 ml Ahornsirup
¼ TL Chilipulver
2 EL Maisstärke, gemischt mit 4 EL Wasser

ZUM ANRICHTEN
3 Frühlingszwiebeln, fein gehackt
1 Limette, geviertelt

Süß-saure Gerichte waren schon immer mein liebstes Takeaway-Essen. Allerdings enthalten sie oft zu viel Salz und künstliche Zusatzstoffe. Warum sie also nicht durch dieses gesündere Takeaway mit gebackenem Tofu, Cashewkernen, Ananas, Paprika und einer super einfachen süß-sauren Sauce ersetzen, die aus frischem Orangensaft zubereitet wird?

Den Backofen auf 180°C (Gas Stufe 4) vorheizen und ein Backblech mit Backpapier auslegen.

Den gewürfelten Tofu auf das Backblech legen und im Backofen 30 Minuten garen, dabei die Würfel nach der Hälfte der Zeit wenden. Anschließend den Backofen ausschalten und den Tofu im Backofen lassen, damit er fest wird.

Einen großen Wok auf mittlerer Flamme erhitzen und das Öl hinzufügen. Zwiebel, Ananas, Cashewkerne und Paprika zugeben und 5 Minuten garen, bis das Gemüse anfängt, weich zu werden. Dann die Sojasauce hinzufügen, gut umrühren und weitere 5–7 Minuten braten.

Für die süß-saure Sauce alle Zutaten in einer Schüssel mit einer Gabel verrühren. Zusammen mit dem gebackenen Tofu in den Wok geben, gut umrühren und weitere 3 Minuten garen. Mit frischer Limette und Frühlingszwiebeln garnieren. Auf Reis oder Pasta servieren.

Tofu macht richtig schön satt, und das ist auch der Grund, warum man weniger Gefahr läuft zu viel zu essen, wenn er Teil einer Hauptmahlzeit ist. Tofu ist kalorienarm und enthält keine gesättigten Fette, ist also richtig super für das Herz!

TIPP

Spare Zeit, indem du den Tofu im Voraus backst. Man kann ihn bis zu 2 Tage vorher zubereiten und im Kühlschrank aufbewahren.

Tomatenherz-Tarte

Ergibt: 4 Portionen
Vorbereitungszeit: 10 Min.
Backzeit: 15 Min.

TARTE
1 Rolle veganer Blätterteig (ca. 320 g)
1 EL Olivenöl

WÜRZIGES ROTES PESTO
250 g sonnengetrocknete Tomaten in Öl
4 EL Pinienkerne
1 Handvoll frische Petersilie
2 Knoblauchzehen
100 ml Olivenöl
½ TL Chilipulver
1 TL getrocknete Chiliflocken
1 TL geräuchertes Paprikapulver
½ TL Meersalz

TOPPINGS
100 g veganer Mozzarella, in Stücke geschnitten
8 Cherrytomaten, in Hälften
50 g schwarze Oliven, gehackt
8–10 frische Thymianzweige
frische Basilikumblätter

Das ultimative Valentinstagsrezept oder einfach ein ganz besonderes Gericht für deine Lieben – diese Tomatenherz-Tarte ist eines meiner beliebtesten Rezepte. Blätterteig belegt mit einem pikanten hausgemachten roten Pesto, frischen Tomaten, veganem Mozzarella, schwarzen Oliven und Thymian. Diese Tarte gelingt viel leichter als Pizza und ist meiner Meinung nach sogar noch leckerer. Während die Tarte im Ofen bäckt, erfüllt ihr köstlicher Duft das ganze Haus!

Den Backofen auf 200°C (Gas Stufe 6) vorheizen und ein 33 cm großes Pizzablech oder ein anderes großes Backblech mit Backpapier auslegen. Den Blätterteig aus dem Kühlschrank nehmen und Raumtemperatur annehmen lassen.

Alle Zutaten für das Pesto in eine Küchenmaschine oder einen Mixer geben und 2–3 Minuten lang pürieren. Den Blätterteig ausrollen und mit einem Messer ein großes Herz ausschneiden. Das Herz mit Olivenöl einpinseln und auf das Blech legen.

Den Teig mit dem roten Pesto bestreichen, dabei einen Rand von 2,5 cm frei lassen. Mozzarella, Cherrytomaten, Oliven und Thymian darüber verteilen und etwa 15–20 Minuten backen, bis der Teig aufgeht und der Rand goldbraun ist. Aus dem Backofen nehmen und servieren. Die Tomatenherz-Tarte nach Geschmack mit Basilikumblättern garnieren.

Ich liebe Tomaten, da sie so vielseitig und preiswert sind. Ich versuche, jeden Tag ein paar rote Lebensmittel zu essen, da sie gegen Entzündungen helfen und das Immunsystem stärken können. Dieses Rezept enthält jede Menge frische und sonnengetrocknete Tomaten, denen nachgesagt wird, dass sie Herzerkrankungen vorbeugen und den Blutdruck senken.

TIPP

Dieses Rezept reicht für ein kleines Glas rotes Pesto à 300 g. Bewahre die Reste, die du nicht verwendest, in einem sauberen Glas im Kühlschrank bis zu 1 Woche auf oder friere das Pesto in Eiswürfelbehältern bis zu 1 Monat ein. Perfekt für die Zugabe zu Pasta, Eintöpfen oder Suppen. Falls du dir wegen des Blätterteigs unsicher bist – fast jeder fertige Blätterteig ist vegan, aber sieh zur Sicherheit nochmals auf der Packung nach.

Zitronen-Linguine mit Grünkohl-Cashew-Pesto

Ergibt: 2 Portionen plus ein Glas Pesto à 400 g
Vorbereitungszeit: 15 Min.
Kochzeit: 10 Min.

200 g Linguine
2 EL optional veganer Parmesan (siehe Seite 179)
1 EL abgeriebene Zitronenschale

GRÜNKOHL-CASHEW-PESTO
100 g Cashewkerne
100 g Grünkohl
30 g frisches Basilikum, plus extra Blätter zum Anrichten
abgeriebene Schale und Saft von 1–2 großen Zitronen
2 Knoblauchzehen, gehackt
1 TL Meersalz
70 ml natives Olivenöl extra

Diese Wohlfühl-Pasta ist aromatisch, duftend, lecker und super einfach zuzubereiten. Das Beste daran ist, dass das Pesto für ein großes Glas reicht, sodass man einen Teil davon einfrieren und später verwenden kann. Ich serviere es gerne zusammen mit meinem veganen Parmesan als Topping, aber es schmeckt auch solo vorzüglich.

Eine mittelgroße Pfanne auf kleiner Flamme erhitzen und die Cashewkerne 5–7 Minuten lang leicht rösten, dabei häufig umrühren, bis sie an den Rändern braun werden. Beiseitestellen.

Einen Topf mit Wasser zum Kochen bringen und den Grünkohl darin einige Minuten kochen oder dämpfen, bis er weich und leuchtend grün wird.

Die gerösteten Cashews, den gekochten und abgetropften Grünkohl, das Basilikum, die Zitronenschale und den -saft sowie Knoblauch und Salz in eine Küchenmaschine oder einen Mixer geben und mixen, bis alles gut vermischt ist. Während sich der Mixer noch dreht, das Olivenöl hinzufügen und mixen, bis die Masse homogen ist. Nach Geschmack etwas mehr Zitrone hinzufügen. Das Pesto in ein sauberes Glas füllen und beiseitestellen.

Einen großen Topf mit Salzwasser bei mittlerer Hitze zum Kochen bringen. Sobald das Wasser kocht, die Linguine hineingeben und 7–8 Minuten oder entsprechend der Packungsangabe kochen. Eine Tasse des Nudelwassers aufheben, dann die Linguine abgießen. Die Pasta in die Pfanne geben, vom Herd nehmen und 2 gehäufte Esslöffel Pesto hinzufügen. Mit einem Spritzer Nudelwasser zu einer sämigen Sauce verarbeiten. Abschmecken. Mit frischen Basilikumblättern, extra Zitronenschale und etwas veganem Parmesan (falls verwendet) servieren.

Grünkohl ist der König des gesunden Gemüses. Er ist sehr reich an Antioxidantien und eine der besten Vitamin-C-Quellen überhaupt. Eine Portion Grünkohl enthält mehr Vitamin C als eine ganze Orange.

TIPP

Kein Grünkohl vorrätig? Versuche es mit Brokkoli, Spinat oder sogar Brunnenkresse für eine pfeffrige Note. Anstelle von Cashews kannst du Walnüsse oder Haselnüsse verwenden.

Super einfache geröstete Tomatensuppe

Ergibt: 4–5 Portionen
Vorbereitungszeit: 10 Min.
Kochzeit: 35 Min.

800 g Tomaten, in Hälften geschnitten
3 EL Olivenöl
2 weiße Zwiebeln, in Ringe geschnitten
4 Knoblauchzehen, gehackt
2 frische rote Chilischoten, gehackt (optional)
Meersalz und frisch gemahlener schwarzer Pfeffer

ZUM ANRICHTEN
100 g Kokosjoghurt
knuspriges Brot
frische Basilikumblätter

Mit dieser cremigen Suppe aus gerösteten Tomaten kann man sich wunderbar aufwärmen. Ein knuspriges Stück Brot an einem grauen, regnerischen Tag in eine Schüssel mit heißer Suppe zu tunken, ist sicherlich eine der großen Freuden des Lebens. Diese Suppe wird mit nur sechs Zutaten zubereitet und ist in 45 Minuten fertig. Ich verwende die Reste gerne für Pasta-Saucen und Eintöpfe oder friere sie ein, um sie zu einem späteren Zeitpunkt zu genießen.

Den Backofen auf 180 °C (Gas Stufe 4) vorheizen. Die Tomaten mit der Schnittfläche nach oben auf ein Backblech legen und mit 2 Esslöffeln Olivenöl beträufeln. Im Backofen 25 Minuten rösten, bis sie an den Rändern braun werden.

1 Esslöffel Öl in einem Kochtopf auf mittlerer Flamme erhitzen, die Zwiebeln hinzufügen und 5–7 Minuten anbraten, bis sie weich sind. Knoblauch und Chili (falls verwendet) dazugeben und 2 Minuten lang rühren, bis es duftet, dann die gerösteten Tomaten hinzufügen. Mit Salz und Pfeffer würzen und 10 Minuten köcheln lassen. Mit dem Stabmixer pürieren, bis die Suppe glatt ist. Mit Kokosjoghurt und knusprigem Brot servieren.

Tomaten sind tatsächlich noch gesünder, wenn sie gekocht werden. Das liegt daran, dass der Gehalt an bioverfügbarem Lycopin steigt, wenn sie erhitzt werden. Dies ist ungewöhnlich, da die Nährstoffe in vielen Obst- und Gemüsesorten hitzeempfindlich sind.

TIPP

Verwende für die Suppe die saftigsten und am süßesten duftenden Tomaten, die du finden kannst. Eine reife Tomate gibt bei Berührung leicht nach, ohne zu weich zu sein.

Poke-Bowls mit knusprigem Tofu

Ergibt: 2 Portionen
Vorbereitungszeit: 15 Min.
Kochzeit: 30 Min.

KNUSPRIGER TOFU

- 250 g fester Tofu, in großen Würfeln
- 5 EL helle Sojasauce
- 2 EL geröstetes Sesamöl
- 1 EL Reisessig
- 2 Knoblauchzehen, gehackt
- 2,5 cm großes Stück frischer Ingwer, geschält und gehackt
- 1 EL Ahornsirup oder Agavendicksaft
- 1 TL Chili-Öl, plus etwas mehr zum Servieren

EINGELEGTE ROTE ZWIEBEL

- 1 rote Zwiebel, in dünne Scheiben geschnitten
- 135 ml Weißwein oder Apfelessig
- 2 TL Zucker
- ½ TL Meersalz und frisch gemahlener schwarzer Pfeffer

REIS

- 180 g weißer Basmati-Reis
- 1 TL Reisessig
- ½ TL Zucker

GEMÜSE

- ¼ Salatgurke, in 2,5 cm großen Stücken
- ½ kleine Karotte geschält, in Streifen geschnitten
- 100 g Edamame
- ½ Avocado, geschält, entkernt und in Scheiben geschnitten

Diese Poke-Bowls sind mit allerhand Aromen und Konsistenzen aufgeladen. Der Tofu wird mit Ingwer, Knoblauch und Chili-Öl mariniert und knusprig gebraten, dann mit frischem Gemüse, würzigen, schnell eingelegten roten Zwiebeln und Reis kombiniert. Die traditionell kalt servierten Poke-Bowls sind sehr vielseitig und lassen sich ganz variabel zubereiten, je nachdem, welches Gemüse du gerade im Kühlschrank hast.

Für den Tofu Sojasauce, Sesamöl, Reisessig, Knoblauch, Ingwer, Ahornsirup und Chili-Öl in eine kleine Schüssel geben und mit einer Gabel gut verrühren. Die Tofuwürfel in einen Behälter mit Deckel füllen und mit der Marinade übergießen. Die Box verschließen und ein paar Mal umdrehen, damit der gesamte Tofu bedeckt ist. 10 Minuten beiseitestellen.

Den Backofen auf 180°C (Gas Stufe 4) vorheizen und ein Backblech mit Backpapier auslegen.

Den Tofu abtropfen lassen und die restliche Marinade zum Beträufeln aufheben. Den marinierten Tofu auf das Backblech legen und 30 Minuten lang garen, bis er an den Rändern braun wird. Den Tofu bei ausgeschalteter Hitze im Ofen lassen – er wird beim Abkühlen fester.

Für die eingelegten Zwiebeln rote Zwiebeln, Essig, Zucker und Salz in eine Schüssel geben. Mit einer Gabel gut umrühren und mindestens 10 Minuten lang durchziehen lassen.

Den Reis in einen Topf geben und 280 ml kochendes Wasser hinzufügen. Den Deckel auflegen und bei mittlerer Hitze 10 Minuten kochen. Vom Herd nehmen, aber den Deckel nicht abnehmen. Reisessig und Zucker in einem Glas verrühren, über den Reis gießen und mit einer Gabel auflockern. Auf 2 Bowls verteilen.

Gurke, Karottenstreifen, Edamame, Avocado, eingelegte rote Zwiebel und knusprigen Tofu auf die Bowls verteilen. Sofort mit der restlichen Marinade und dem Chili-Öl zum Beträufeln servieren.

Du kannst diesem Gericht noch eine Extraportion Gemüse hinzufügen, indem du den Reis durch Zucchinipasta oder Blumenkohlreis ersetzt. Farbe kommt ins Spiel, indem du weitere Gemüsesorten verwendest.

TIPP

Um Zeit zu sparen, kannst du den Tofu, die eingelegten Zwiebeln und den Reis im Voraus zubereiten. Diese Bowls eignen sich gut für eine Lunchbox – hebe die Marinade einfach separat auf und träufele sie vor dem Servieren darüber.

Smoky Süßkartoffel-Pizza

Ergibt: 2 Portionen
Vorbereitungszeit: 30 Min.
Backzeit: 40 Min.

BODEN

1 EL Olivenöl
300 g Süßkartoffeln (etwa 1–2 Stück), geschält, gekocht/gedünstet, dann püriert und abgekühlt
100 g Reismehl
1 EL Chiasamen vermischt mit 3 EL Wasser, damit ein Gel entsteht
1 EL Pfeilwurzelmehl oder Maisstärke
2 TL geräuchertes Paprikapulver
1 TL Knoblauchpulver
½ TL Meersalz

TOPPING

3 EL Tomatenmark
2 TL Oregano
½ TL Meersalz
¼ TL frisch gemahlener schwarzer Pfeffer
3 EL veganer Parmesan (siehe Seite 179)
5 oder 6 Cherrytomaten, halbiert
¼ rote Paprikaschote, fein gewürfelt
¼ orangefarbene Paprikaschote, fein gehackt
2 EL frische Basilikumblätter
1 kleine Handvoll frischer Rucola

Diese Pizza ist eine köstliche gesunde Alternative zu einer kohlenhydratlastigen Pizza und somit ein gutes leichtes Mittagessen mit einem frischen grünen Salat. Süßkartoffeln und geräuchertes Paprikapulver verleihen dem glutenfreien Boden eine natürliche Süße und eine interessante rauchige Note. Die mit Cherrytomaten und Paprika, veganem Parmesan und frischem Rucola bunt belegte Pizza ist eine regelrechte Geschmacksexplosion. Sie ist etwas weicher als Pizza mit herkömmlichem Pizzaboden, lässt sich aber trotzdem wie eine normale Pizza schneiden und in die Hand nehmen.

Den Backofen auf 160 °C (Gas Stufe 3) vorheizen und ein Backblech mit Backpapier auslegen. Das Backpapier mit Olivenöl einpinseln.

Alle übrigen Zutaten für den Boden in einer Schüssel zu einem Teig vermengen. Auf die eingeölte Fläche des Backpapiers verteilen und gleichmäßig zu einem etwa 1,5 cm dicken Kreis andrücken. Im Backofen 25–30 Minuten lang backen, bis die Ränder allmählich braun werden. Aus dem Backofen nehmen und 5 Minuten abkühlen lassen.

In einer kleinen Schüssel das Tomatenmark mit 3 Esslöffeln Wasser vermischen. Oregano, Salz und Pfeffer unterrühren. Auf der Pizza verteilen. Mit veganem Parmesan, Cherrytomaten, Paprika, Basilikumblättern und Rucola belegen und weitere 10 Minuten im Backofen überbacken.

Wie die meisten orangefarbenen Gemüsesorten enthalten auch Süßkartoffeln viel Vitamin A, das gut für die Haut, die Sehkraft und das Immunsystem ist. Eine mittelgroße Süßkartoffel enthält 120 Prozent der empfohlenen Tagesmenge an Vitamin A.

TIPP

Dieses Rezept funktioniert am besten mit gekühltem Süßkartoffelpüree, da es weniger Feuchtigkeit enthält. Du kannst also, auch um Zeit zu sparen, das Püree ein paar Stunden vorher herstellen und kaltstellen.

Green Goddess Falafel

Ergibt: 12–13 Falafel
Vorbereitungszeit: 5 Min.
Kochzeit: 15 Min.

2 Knoblauchzehen, gehackt
1 Dose Kichererbsen à 400 g, abgetropft und abgespült
100 g Spinat
20 g frische Petersilie
80 g Kichererbsenmehl
Saft von ½ Zitrone
2 TL gemahlener Kreuzkümmel
2 TL gemahlener Koriander
1 TL Meersalz
½ TL frisch gemahlener schwarzer Pfeffer
2 EL Pflanzen- oder Kokosöl

ZUM ANRICHTEN
frische Tortillas (siehe Seite 172)
Hummus (probiere meinen Goldenen Hummus, Seite 102 oder den Rote-Bete-Limabohnen-Dip mit Raucharoma, Seite 106)
½ rote Zwiebel, fein geschnitten
10 g frische Petersilie
30 g Spinat
¼ Salatgurke, in Scheiben geschnitten

Diese herrlich grünen Falafeln sind glutenfrei, einfach und schnell zubereitet und mit Spinat und Petersilie aufgepeppt. Ich liebe Falafel, besonders in Kombination mit Hummus, Tomatensalsa und Tortillas.

Die Knoblauchzehen und die Kichererbsen in eine Küchenmaschine oder einen Mixer geben, danach den Spinat, Petersilie, Kichererbsenmehl, Zitronensaft, Kreuzkümmel, Koriander, Salz und Pfeffer hinzufügen. Mit der Impulsfunktion zu einem Teig mixen. Den Teig zu 12–13 kleinen Falafeln formen, dabei 1 Esslöffel Teig pro Falafel verwenden.

1 Esslöffel Öl in einer Pfanne auf mittlerer Flamme erhitzen und die Hälfte der Falafeln ein paar Minuten auf jeder Seite braten, bis sie anfangen, braun zu werden. Vom Herd nehmen und in dem restlichen Öl die restlichen Falafeln ausbacken. Warm in frischen Tortillas mit Hummus, roten Zwiebeln, Petersilie, Spinat und Gurke servieren.

Spinat ist sehr eisenhaltig, genau wie Kichererbsen. Eisen unterstützt ein gesundes Energieniveau, indem es Sauerstoff zu den Zellen transportiert und dem Körper bei der Aufnahme von Nährstoffen aus dem Essen hilft.

TIPP

Kein Spinat vorrätig? Du kannst ihn durch die gleiche Menge gedünsteten Grünkohl oder Frühkohl ersetzen.

Tomaten-Linsen-Tarte

Ergibt: 8–9 Portionen
Vorbereitungszeit: 15 Min. plus 30 Min. Ruhezeit
Kochzeit: 50 Min.

VOLLKORNTEIGBODEN

100 g Weizenmehl Type 550
100 g Weizen-Vollkornmehl (oder mehr helles Mehl)
¼ TL Meersalz
100 g vegane Butter
2 EL Olivenöl, plus 1 EL zum Einfetten

FÜLLUNG

220 g rote Linsen
1 EL Olivenöl
1 Zwiebel, fein gehackt
1 rote Paprikaschote, entkernt und fein gewürfelt
2 Knoblauchzehen, gehackt
1 TL Meersalz
½ TL frisch gemahlener schwarzer Pfeffer
2 EL Garam Masala, gemahlen
1 TL gemahlener Kreuzkümmel
¼ TL Cayennepfeffer
½ TL gemahlene Kurkuma
½ TL gemahlener Koriander
1 EL Sojasauce
60 g Tomatenketchup
3 EL Tomatenmark
1 EL Ahornsirup oder Agavendicksaft
8–10 Tomaten, in dünne Scheiben geschnitten
4 EL frische Petersilie, zum Anrichten

UTENSILIEN

20 cm Tarteform

Bei mir gibt es diese Tarte schon seit über zehn Jahren. Sie kombiniert die Spritzigkeit saftiger Tomaten und aromatischer Paprika mit der fernöstlichen Note indischer Gewürze. Zusammen mit einem Salat ist sie sommertauglich, mit Püree, Kartoffeln und Gemüse vertreibt sie die Kälte im Winter. Linsen sind so vielseitig und eignen sich hervorragend als herzhafte Füllung für diese hübsche Tomatentarte.

Zunächst den Teig zubereiten. Beide Mehle und das Salz in eine Küchenmaschine oder eine Schüssel geben und vermischen, dann die Butter hinzufügen. Mit der Küchenmaschine oder einer Gabel feinbröselig verarbeiten. Das Olivenöl mit 2 Esslöffeln kaltem Wasser vermischen, dazugeben und unterkneten. Den Teig zu einer flachen Scheibe drücken und in Frischhaltefolie wickeln. Mindestens 30 Minuten im Kühlschrank ruhen lassen.

Für die Füllung die Linsen und 450 ml kaltes Wasser in einen mittelgroßen Topf mit Deckel geben und 15 Minuten zugedeckt bei mittlerer Hitze kochen, bis das Wasser von den Linsen aufgesogen ist. Gut umrühren, vom Herd nehmen und den Deckel abnehmen, damit die Linsen eindicken und abkühlen.

Das Olivenöl in einem Topf auf mittlerer Flamme erhitzen. Zwiebel, rote Paprika und Knoblauch hinzufügen und 10 Minuten andünsten, bis alles weich ist, dann das Salz und die Gewürze unterrühren und weitere 2 Minuten erhitzen, bis die Gewürze anfangen zu duften. Sojasauce, Tomatenketchup, Tomatenmark, Agavendicksaft und die gekochten Linsen unterrühren. Weitere 5 Minuten kochen lassen, dann den Herd ausschalten und beiseitestellen.

Fortsetzung auf der nächsten Seite

OPINEL

Den Backofen auf 180°C (Gas Stufe 4) vorheizen und die Tarteform mit Olivenöl einfetten. Die Arbeitsfläche mit etwas Mehl bestäuben. Den gekühlten Teig auswickeln, zu einem Kreis von 23 cm Durchmesser ausrollen und in die gefettete Tarteform drücken. Die Füllung darauf verteilen und mit den Tomatenscheiben belegen. In der Mitte des Backofens 40–50 Minuten backen, bis sich die Füllung fest anfühlt und der Teig langsam braun wird. Die Tarte aus dem Backofen nehmen, mit frischer Petersilie garnieren und vor dem Servieren 30 Minuten ruhen lassen.

Ich verwende gerne verschiedene Tomatensorten für diese Tarte, um sie besonders schön zu machen! Versuche es mit gelben Tomaten, Pflaumen- und Cherrytomaten. Weltweit gibt es über 10.000 Tomatensorten!

TIPP

Wenn du möchtest, kannst du statt roter Linsen auch braune Linsen für diese Tarte verwenden. Koche die braunen Linsen 25 Minuten lang. Um Zeit zu sparen, kannst du auch gekochte Linsen aus der Dose verwenden.

One-Pot Gemüse-Tajine mit Granatapfel-Bulgur

Ergibt: 4–5 Portionen
Vorbereitungszeit: 10 Min.
Kochzeit: 1½ Std.

Diese Tajine ist randvoll gefüllt mit gesundem Grünzeug und die einfachste Art, sich täglich mit den empfohlenen fünf Portionen Obst & Gemüse zu versorgen! Ich liebe die pikante, rauchige und leicht süße Kombination der Aromen.

2 EL Olivenöl
2 Karotten, in dicke Scheiben geschnitten
1 Süßkartoffel, geschält und in große Würfel geschnitten
2 Zucchini, in große Würfel geschnitten
1 Zwiebel, in dicke Ringe geschnitten
1 gelbe Paprikaschote, entkernt und in grobe Stücke geschnitten
1 rote Paprikaschote, entkernt und in grobe Stücke geschnitten
½ kleiner Butternutkürbis, geschält und in mittelgroße Würfel geschnitten
2 Knoblauchzehen, gehackt
ein 2,5 cm großes Stück frischer Ingwer, fein gehackt
Saft von 1½ Zitronen
2 TL Paprikapulver
1 TL geräuchertes Paprikapulver
1 TL gemahlene Kurkuma
1 TL gemahlener Zimt
2 TL gemahlener Kreuzkümmel
½ TL Chilipulver
1 TL gemahlener Koriander
1 TL Meersalz
½ TL frisch gemahlener schwarzer Pfeffer
350 ml Gemüsebrühe
1 Dose gehackte Tomaten à 400 g
1 Dose Kichererbsen à 400 g, abgetropft
90 g getrocknete Aprikosen, grob zerkleinert
1 Handvoll frische Petersilie, gehackt

BULGUR
150 g Bulgur
50 g Rosinen
½ TL Meersalz
¼ TL frisch gemahlener schwarzer Pfeffer
1 Granatapfel, Kerne ausgelöst
2 EL natives Olivenöl extra

Das Olivenöl in einem großen Topf mit Deckel, einer Kasserolle oder einer Tajine auf mittlerer Flamme erhitzen. Karotten, Süßkartoffeln, Zucchini, Zwiebeln, Paprika und Butternutkürbis hinzufügen. 10 Minuten garen, bis das Gemüse beginnt, weich zu werden.

Dann Knoblauch, Ingwer, Zitronensaft, Gewürze, Salz und Pfeffer hinzugeben und gut umrühren. Gemüsebrühe, gehackte Tomaten, Kichererbsen und Aprikosen zugeben und aufkochen. Den Deckel aufsetzen und bei niedriger Hitze etwa 1½ Stunden köcheln lassen, bis das Gemüse weich ist. Vor dem Servieren die Petersilie unterrühren.

Bulgur, Rosinen, Salz und Pfeffer in einen Topf mit 250 ml kaltem Wasser geben. Zum Kochen bringen, dann den Herd runterschalten und den Deckel aufsetzen. 8 Minuten lang kochen, oder solange, bis das gesamte Wasser aufgesogen ist. Den Herd ausschalten, Topf weitere 5 Minuten geschlossen lassen, dann Bulgur mit einer Gabel auflockern. Granatapfelkerne und Olivenöl unterrühren. Den Bulgur zusammen mit der Tajine servieren.

Diese Tajine ist reich an Orangefarbenem – Karotten, Kürbis, Süßkartoffeln und Aprikosen. Orangenes Gemüse und Obst enthalten Alpha- und Beta-Carotin, das gut für die Herzgesundheit ist.

TIPP

Ersetze das Gemüse durch andere Gemüsesorten, die du gerade vorrätig hast – dieses Rezept ist super flexibel. Achte nur darauf, dass du das weichere Gemüse in größere Stücke schneidest, damit alles gleichmäßig gart.

Rote Röst-Paprika-Pasta mit crispy Kichererbsen

Ergibt: 4 Portionen
Vorbereitungszeit: 10 Min.
Kochzeit: 35 Min.

4 rote Paprikaschoten, entkernt und in Würfel geschnitten
4 große Tomaten, halbiert
2 EL Olivenöl
Meersalz und frisch gemahlener schwarzer Pfeffer
1 Knoblauchknolle (nur 3 Zehen, der Rest eignet sich für Hummus, Suppen oder für die Herstellung von Knoblauchbutter)
140 g Pasta (ich verwende Rigatoni)
30 g Hefeflocken
120 ml vegane Milch
Saft von ½ Zitrone
3 EL frisches Basilikum, plus etwas mehr zum Anrichten
Crispy Kichererbsen (siehe Seite 101), zum Anrichten

Kombiniere deine Lieblingspasta mit dieser phantastischen veganen Sauce aus frisch gerösteten Paprika, Tomaten und Knoblauch. Die crispy Kichererbsen sind schön würzig und liefern als Topping dazu reichlich Ballaststoffe und Proteine.

Den Backofen auf 200 °C (Gas Stufe 6) vorheizen. Die Paprikaschoten und Tomaten auf einem Backblech verteilen und gleichmäßig mit etwas Olivenöl bestreichen. Mit Salz und schwarzem Pfeffer würzen.

Das obere Viertel der Knoblauchknolle abschneiden und mit dem restlichen Olivenöl bestreichen. Die ganze Knolle in Folie wickeln und auf das Blech mit den Tomaten und Paprika legen. Alles 30–35 Minuten lang rösten.

Die Pasta nach Packungsangabe kochen, danach abgießen und dabei etwa ½ Tasse Kochwasser auffangen. Das Wasser zusammen mit den gerösteten Paprika, Tomaten, Hefeflocken, Milch, Zitronensaft und 3 Zehen des Knoblauchs in eine Küchenmaschine oder einen Mixer geben. Das Ganze glatt pürieren.

Die Sauce in eine große Pfanne geben und bei Bedarf erwärmen, dann die gekochte Pasta unterrühren und mit den knusprigen Kichererbsen und dem Basilikum bestreuen.

Du möchtest noch mehr Ballaststoffe und Mineralstoffe in dieses Gericht packen? Das klappt super mit Vollkornpasta, die mehr als doppelt so viele Ballaststoffe wie weiße Pasta und außerdem Magnesium, Eisen und Zink enthält.

TIPP

Der hohe Gehalt an Vitamin A und C in roter Paprika macht sie zu einer großartigen Quelle für Antioxidantien. Ich greife immer zu Paprika, wenn ich mich nicht besonders gut fühle, denn sie enthalten doppelt so viel Vitamin C wie Orangen!

Muntermacher Mac'n'Cheese

Ergibt: 3–4 Portionen
Vorbereitungszeit: 10 Min.
Backzeit: 45 Min.

- 400 g Mix aus Butternutkürbis, Baby-Hokkaido, Süßkartoffeln, normalen Kartoffeln oder Karotten
- 1 Dose Vollfett-Kokosmilch à 400 g
- 120 ml Gemüsebrühe
- 20 g Hefeflocken
- 4 Knoblauchzehen, gehackt
- Saft von ½ Zitrone
- 2 TL geräuchertes Paprikapulver
- 1 TL englischer Senf
- je 1 Prise Meersalz und frisch gemahlener schwarzer Pfeffer
- 250 g Pasta nach Wahl
- 1½ EL Tapiokamehl

„PARMESAN"-TOPPING

- 2 EL vegane Butter
- 60 g Panko-Paniermehl
- 15 g Hefeflocken

Dieses Gericht enthält weder Milchprodukte noch Käse. Stattdessen kommen orangefarbene Gemüsesorten in den Topf – die heimlichen Gesundmacher. Wenn du es eilig hast, lasse das Topping einfach weg und vermenge nur die Sauce mit der Pasta in der Pfanne. Mit dem Topping allerdings bekommt die Pasta im letzten Durchgang im Ofen noch eine leckere Kruste.

Den Backofen auf 180°C (Gas Stufe 4) vorheizen. Den Kürbis auf einem Backblech 30 Minuten lang rösten, bis er sich mit einem Messer leicht einstechen lässt. Ich röste meinen Kürbis ungeschält im Ganzen, dann löffle ich das Fruchtfleisch heraus, aber du kannst ihn auch schälen, in Stücke schneiden und vor dem Rösten mit 1 Esslöffel Olivenöl bestreichen. Lasse den Backofen an.

Wenn du Süßkartoffeln, Kartoffeln oder Karotten verwendest, schneide diese in grobe Stücke und dämpfe sie solange, bis sich das Fruchtfleisch mit einer Gabel leicht einstechen lässt.

Das geröstete Kürbisfleisch und/oder das andere Gemüse zusammen mit der Kokosmilch, der Brühe, Hefeflocken, Knoblauch, Zitronensaft, geräuchertem Paprikapulver, Senf, Salz und Pfeffer in den Mixer geben. Pürieren, bis die Masse glatt ist.

Für das Topping die Butter in einer Bratpfanne bei mittlerer Hitze schmelzen. Das Panko-Paniermehl hinzufügen und umrühren, bis es geröstet und goldgelb ist. Beiseitestellen. Anschließend Hefeflocken und Panko in einen Mixer geben und einige Male mit der Impulsfunktion mixen.

Die Pasta nach Packungsangabe kochen. Abgießen und beiseitestellen. Die Sauce in den Topf geben und zum Köcheln bringen. Das Tapiokamehl hinzufügen und mit einem Schneebesen gut unterrühren, bis die Sauce dickflüssig ist. Die Pasta dazugeben, alles vermischen und dann in eine große Auflaufform füllen. Mit dem Parmesan-Topping bestreuen und 10–15 Minuten im Ofen überbacken, bis sie goldgelb und knusprig sind. Sofort servieren.

Orangefarbenes Gemüse enthält viele Nährstoffe, die das Nervensystem schützen, die Gesundheit der Augen fördern und Herzerkrankungen vorbeugen können. Sie können auch dazu beitragen, dass deine Haut strahlt und dein Immunsystem gestärkt wird.

TIPP

Wenn du nur zwei Portionen kochen willst, nehme einfach die halbe Pastamenge und hebe die Hälfte der Sauce für einen köstlichen Käsedip oder -aufstrich auf. Die Sauce hält sich im Kühlschrank in einem verschlossenen Behälter bis zu 4 Tage. Vor Verwendung einfach in einem Topf mit etwas Wasser erhitzen und gut umrühren, bis sie glatt ist.

Super Sushi-Sandwich

Ergibt: 4 Sandwiches
Vorbereitungszeit: 15 Min.
Kochzeit: 35 Min.

EINGELEGTE ROTE BETE
1 Rote Bete, fein geraspelt
60 ml Reisessig oder Apfelessig
1 EL Kokosblütenzucker
½ TL Meersalz
¼ TL frisch gemahlener schwarzer Pfeffer

MARINADE
4 EL helle Sojasauce
2 TL frischer Ingwer, gehackt
1 TL Knoblauchpulver
1 TL Chilipulver
120 ml Ahornsirup oder Agavendicksaft

KNUSPRIG PANIERTER TOFU
700 g fester Tofu, abgetropft und gepresst
120 g Panko-Paniermehl
240 ml Aquafaba
60 g Maisstärke

SUSHI-SANDWICHES
4 Nori-Blätter
350 g Sushi-Reis, gekocht und abgekühlt
ein paar Blätter Kopfsalat
½ Salatgurke, in dünne Scheiben geschnitten
schwarze Sesamsamen

Hier kommt die frische Alternative zum klassischen Sandwich! Alle typischen Sushi-Aromen werden einfach zwischen Sushi-Reis geschichtet – fertig ist das Sushi-Sandwich. Lasse dich nicht von der Zutatenliste abschrecken, denn wenn du den Tofu erst einmal zubereitet hast, ist das Sushi-Sandwich sehr schnell fertig. Es lässt sich auch gut transportieren, ist also eine tolle Ergänzung für jede Lunchbox.

Den Backofen auf 200°C (Gas Stufe 6) vorheizen und ein Backblech leicht mit Öl einfetten oder mit eingefettetem Backpapier auslegen.

Alle Zutaten für die eingelegten Rote Bete in ein kleines Glas geben, verschließen und gut vermischen. Im Kühlschrank beiseitestellen.

Die Zutaten für die Marinade in eine kleine Schüssel geben und gründlich durchmischen. Die gepressten Tofublöcke in zwei Hälften schneiden. Den Tofu in einen kleinen luftdichten Behälter geben und mit der Marinade übergießen. Die Box verschließen und ein paar Mal umdrehen, damit er gut bedeckt ist. Beiseitestellen.

Panko-Paniermehl in einer Pfanne leicht anrösten, bis es goldgelb ist. Auf einem Teller zum Abkühlen beiseitestellen. Aquafaba in eine flache Schüssel füllen. Die Maisstärke auf einem Teller ausbreiten. Nun die marinierten Tofuscheiben zuerst in das Aquafaba eintauchen, sodass sie gleichmäßig bedeckt sind. Dann den Tofu in der Maisstärke wenden und zuletzt durch das Panko-Paniermehl ziehen und auf dem Backblech auslegen. Den Tofu 30–35 Minuten backen, bis die Scheiben goldbraun sind, nach der Hälfte der Zeit wenden.

Fortsetzung auf der nächsten Seite

Aus Frischhaltefolie ein Quadrat zuschneiden, das größer als dein Nori-Blatt ist. Ein Nori-Blatt mit der glänzenden bzw. glatten Seite nach unten auf die Frischhaltefolie legen und eine kleine Handvoll Reis in die Mitte geben. In der Mitte des Blattes aus dem Reis ein Quadrat formen und plattdrücken. Fein säuberlich Salat, Gurke, eingelegte Rote Bete und eine Scheibe Tofu in der Mitte des Quadrats möglichst ordentlich und gleichmäßig aufschichten, auch an den Seiten, damit das Sushi ringsum gleichmäßig hoch ist. Zuoberst ein letztes Quadrat aus Reis auflegen.

Die vier Ecken des Nori-Blattes anfeuchten und zu einem Päckchen zusammenlegen. Die Frischhaltefolie darüberziehen und das Päckchen mit einem Schneidebrett oder einem Buch etwas flach drücken. Mit deinem schärfsten Messer in zwei Hälften schneiden und die Frischhaltefolie abziehen. Mit Sesamsamen bestreuen. Jedes Nori-Quadrat ergibt 2 Sandwiches, für 4 Sandwiches also das Ganze wiederholen. Am besten sofort servieren. Sie halten sich aber auch einen Tag im Kühlschrank.

Eingelegte Rote Bete verleiht diesem Sandwich eine ganz besondere Note. Rote Bete ist eine gute Quelle für Ballaststoffe und Vitamin C. Sie enthält viele entzündungshemmende Stoffe, die Betalaine, die ihr ihre leuchtend rote Farbe verleiht. Betalainen wird nachgesagt, dass sie das Risiko von Herzerkrankungen und Arthritis senken.

TIPP

Wenn du das Sandwich mit Frischhaltefolie umwickelt hast, lasse es 10 Minuten lang eingewickelt, bevor du es anschneidest. Dadurch wird die Hülle aus Nori weicher und bleibt am Reis haften. Verwende zum Schneiden ein scharfes Messer und feuchte es mit etwas kaltem Wasser an.

REGEN-BOGEN-SALATE UND -BEILAGEN

Salate müssen nicht langweilig sein. Im Gegenteil – ich finde sogar, dass sie oft spannender sind als jede andere Mahlzeit. Vorbei sind die Zeiten der traurigen Tomaten-, Gurken- und Kopfsalate. Salate können voller Geschmack und abwechslungsreicher Konsistenz sein.

Ich liebe das „Gefühl nach dem Salat", wenn man gesättigt ist, aber nicht zu satt. Ich merke immer, dass mein Körper nach einem Salat glücklich ist – frisches Gemüse hat etwas an sich, das ihn wieder auftankt wie kein anderes Lebensmittel. Außerdem kann man Salat unglaublich schnell, lebendig und einfach zubereiten.

In diesem Kapitel findest du eine Reihe von Salaten, Suppen und Beilagen, die du ganz unterschiedlich genießen kannst. Ein Salat kann zu einer herzhaften Mahlzeit werden, wenn er mit Pellkartoffeln serviert oder in Tortillas gefüllt wird, die großzügig mit Hummus bestrichen sind. Ein Rezept für Hummus findest du natürlich auch in diesem Kapitel. Hummus ist ballaststoff- und proteinreich und zusammen mit ein paar Gemüsesticks ein sättigender Snack.

Mit ein paar vorbereiteten Beilagen im Kühlschrank kannst du beim Zusammenstellen einer Mahlzeit wertvolle Zeit sparen. Ich habe gerne ein paar nahrhafte Gerichte parat, weil ich mich dann unter der Woche tendenziell gesünder ernähre.

Jackfrucht-Buddha Bowls mit schneller Satay-Sauce

Ergibt: 2 Portionen
Vorbereitungszeit: 15 Min.
Kochzeit: 40 Min.

1 Dose Jackfrucht in Wasser à 400 g, abgetropft
2 EL Sojasauce
90 g asiatische Weizennudeln (z. B. Mie)
½ gelbe Paprikaschote, in Streifen geschnitten
¼ Gurke, geschält und in Streifen geschnitten
¼ kleiner Rotkohl, fein geraspelt
2 Karotten, fein geraspelt

SCHNELLE SATAY-SAUCE
120 g Erdnussbutter ohne Stückchen
1 EL helle Sojasauce
Saft von ½ Limette
1 EL Agavendicksaft
1 Knoblauchzehe, gehackt
2 TL Chili-Öl oder Sriracha-Sauce
1 TL Sesamöl

ZUM ANRICHTEN
frische Minzblätter
schwarze Sesamsamen

Diese Buddha Bowls mit viel Eiweiß, Gemüse und gesunden Kohlenhydraten sind mein Favorit, wenn ich etwas brauche, das mich aufbaut. Wenn du noch nie Jackfrucht probiert hast, empfehle ich dir dringend, dieses Rezept auszuprobieren. Gebackene Jackfrucht ist von köstlicher fleischiger Konsistenz. Dank ihres neutralen Aromas eignet sie sich perfekt zum Marinieren und Aromatisieren mit Gewürzen. Zum Schluss wird alles mit einer schnellen 5-Minuten-Satay-Sauce beträufelt, die ich absolut genial finde.

Die abgetropfte Jackfrucht in eine Schüssel geben. Die Sojasauce darübergießen und gut umrühren, damit alles bedeckt ist. 10 Minuten zum Marinieren beiseitestellen.

Den Backofen auf 190°C (Gas Stufe 5) vorheizen und ein Backblech mit Backpapier oder einer Silikonmatte auslegen.

Die marinierten Jackfruchtstücke gleichmäßig auf das ausgelegte Backblech oder die Silikonmatte legen. 35–40 Minuten lang backen, bis die Jackfrucht an den Rändern knusprig wird. Beiseitestellen, während du die schnelle Satay-Sauce zubereitest.

Alle Zutaten für die Satay-Sauce in eine Schüssel geben und mit einem Schneebesen gut verrühren. Zuerst wird sich die Sauce trennen, aber wenn du weiterrührst, wird sie seidig und glatt. Bei Bedarf immer wieder einen Esslöffel Wasser hinzufügen, um die Sauce zu verdünnen.

Die Nudeln in einem Topf mit kochendem Wasser 5–7 Minuten oder nach Packungsangabe kochen. Abgießen und auf 2 Bowls aufteilen. Das Gemüse und die Jackfrucht auf die beiden Bowls verteilen. Mit Minzblättern und schwarzen Sesamsamen garnieren. Vor dem Servieren die Satay-Sauce darüber träufeln.

Jackfrucht besitzt antibakterielle und antivirale Eigenschaften und enthält Mineralstoffe, Ballaststoffe, Eiweiß und die Vitamine C und A, die uns gesund und vital aussehen lassen. Außerdem ist sie reich an Magnesium und Eisen, was sich positiv auf die Schlafqualität auswirken kann.

TIPP

Buddha Bowls wecken die Kreativität in mir. Ich mache selten zwei, die genau gleich sind. Du kannst jedes Gemüse aus deinem Kühlschrank verwenden – Jackfrucht und Satay-Sauce bringen alles zusammen. Das Wichtigste ist, viel Gemüse in verschiedenen Farben und mit unterschiedlicher Konsistenz zu verwenden.

Top Tomaten-Salsa

Ergibt: 4 Portionen als Beilage
Vorbereitungszeit: 10 Min.

6 mittelgroße Tomaten, fein gewürfelt
1 Knoblauchzehe, gehackt
abgeriebene Schale und Saft von 1 Limette
1 rote Zwiebel, fein gehackt
1 TL Meersalz
50 g frisch gehackter Koriander

Diese Salsa gehört zu meinen absoluten Lieblingsrezepten, weil sie einfach und unglaublich frisch ist und zu so vielen Gerichten passt. Verwende für die Salsa die besten Tomaten, die du auftreiben kannst. Sie schmeckt wunderbar zu meinen Green Goddess Falafel (siehe Seite 79) oder zu Fladenbrot und Hummus.

Alle Zutaten in eine Schüssel geben und gut vermengen. 10 Minuten beiseitestellen, damit die Tomaten durchziehen können.

Tomaten sind reich an Vitamin C, das für eine optimale Gehirnfunktion und Stimmungsregulation wichtig ist.

TIPP

Du willst etwas mehr Farbe? Kein Problem – verwende gelbe und grüne Tomaten. Du magst es scharf? Füge eine fein gehackte frische rote Chilischote für zusätzliche Schärfe hinzu!

Crispy Kichererbsen

Ergibt: 400 g
Vorbereitungszeit: 5 Min.
Kochzeit: 40 Min.

1 Dose Kichererbsen à 400 g, abgetropft und abgespült
1 EL Olivenöl
½ TL Meersalz
¼ TL frisch gemahlener schwarzer Pfeffer
2 TL geräuchertes Paprikapulver
1 TL gemahlener Kreuzkümmel
1 TL gemahlener Koriander

Diese knusprigen Kichererbsen sind so vielseitig, dass ich sie jede Woche zubereite. Sie sind ein wunderbares Topping für Suppen, Salate, Eintöpfe und Buddha Bowls, und ich liebe sie als Füllung für Wraps und Sandwiches mit Hummus und Salat. Sie schmecken zu so ziemlich allem und sind auch solo ein superleckerer Snack.

Den Backofen auf 180 °C (Gas Stufe 4) vorheizen und ein großes Backblech mit Backpapier oder einer Silikonmatte auslegen.

Versuche, die Kichererbsen mit einem sauberen Geschirrtuch so trocken wie möglich zu bekommen – je trockener sie sind, desto knuspriger werden sie.

Die Kichererbsen in eine Rührschüssel geben und Öl, Salz und Pfeffer hinzufügen. Umrühren, damit sie mit dem Öl und den Gewürzen überzogen werden, dann auf das ausgelegte Backblech geben. Im Backofen 35–40 Minuten backen, bis sie goldbraun und knusprig sind, dabei das Blech nach der Hälfte der Zeit schütteln. Aus dem Backofen nehmen und geräuchertes Paprikapulver, Kreuzkümmel und Koriander darüberstreuen. Durch das Abkühlen werden sie noch knuspriger.

Kichererbsen sind eine hervorragende Quelle für Eiweiß, Kalzium und Ballaststoffe. Nur 160 g Kichererbsen enthalten fast ein Drittel der empfohlenen täglichen Proteinzufuhr für Erwachsene.

TIPP

Damit die Kichererbsen länger als nur einen Tag knusprig bleiben, bewahrst du sie am besten nicht luftdicht verpackt auf. Experimentiere mit den Gewürzen: Ein wenig Kurkuma oder Chilipulver ist eine weitere Möglichkeit, das Gericht aufzupeppen.

Goldener Hummus

Ergibt: 400 g
Vorbereitungszeit: 5 Min.
Kochzeit: 20 Min.

1 Dose Kichererbsen à 400 g
2 Knoblauchzehen, gehackt
Saft von 1 Zitrone
2 EL Tahini
½ TL gemahlener Kreuzkümmel
2 TL gemahlene Kurkuma
3 EL natives Olivenöl extra
½ TL Meersalz
4 EL eiskaltes Wasser

TOPPINGS NACH WAHL
1 EL Crispy Kichererbsen (siehe Seite 101)
1 EL frisch gehackter Koriander
1 TL Sesamsamen
½ TL Sumach

Cremiger Hummus in einem herrlichen Gelbton dank Kurkuma – eine absolute Delikatesse voller gesunder Inhaltsstoffe und leicht gewürzt mit Kreuzkümmel! Das Geheimnis für die geschmeidige und seidige Konsistenz liegt darin, die Kichererbsen aus der Dose zuerst zu kochen, bis sie fast zerfallen: Das ist der wahre Gamechanger, wenn du es noch nie probiert hast. Ich verwende Hummus für viele Dinge: für Buddha Bowls, Falafel und Sandwich-Füllungen oder als Dip für Rohkost und Grissini als schnellen und nahrhaften Snack.

Die Kichererbsen in einen kleinen Topf geben und mit kaltem Wasser bedecken. Zum Kochen bringen und dann auf niedriger Flamme köcheln lassen. Etwa 15–20 Minuten kochen, bis sie fast zerfallen und breiig sind. Anschließend abgießen und abkühlen lassen.

Den Knoblauch und den Zitronensaft in eine Küchenmaschine oder einen Mixer geben und kurz mixen. Dann die abgekühlten Kichererbsen und alle übrigen Zutaten hinzufügen und alles zu einer sehr glatten und cremigen Masse verarbeiten, bei Bedarf noch etwas kaltes Wasser hinzufügen. Den Hummus in eine Schüssel umfüllen und vor dem Servieren mit einem oder allen der vorgeschlagenen Toppings garnieren.

Mit über 14.000 Studien ist Kurkuma eine der am besten untersuchten Pflanzen der Geschichte! Es ist nicht nur ein stark entzündungshemmendes und antioxidatives Mittel, sondern soll auch den Stoffwechsel ankurbeln und die Verdauung verbessern, weshalb es einen Ehrenplatz in meinem Gewürzregal hat. Ich versuche immer, qualitativ hochwertige gemahlene Bio-Kurkuma zu kaufen, da einige kommerzielle Kurkumamarken mit giftigem gelbem Farbstoff versetzt sein können.

TIPP

Um Zeit zu sparen, koche ich die Kichererbsen am Vortag und lasse sie über Nacht abkühlen. Am nächsten Tag kann ich meinen Hummus dann in Windeseile zubereiten.

Feurige mexikanische Salat-Bowl

Ergibt: 2 Portionen
Vorbereitungszeit: 15 Min.
Kochzeit: 5 Min.

100 g Couscous
100 ml kochendes Wasser
100 g Cherrytomaten, halbiert
75 g Zuckermais aus der Dose oder frischer Mais
1 Handvoll Eisbergsalat, klein geschnitten
200 g schwarze Bohnen aus der Dose, abgetropft und abgespült
1 Avocado, geschält, entkernt und in 1 cm große Würfel geschnitten

SCHNELL EINGELEGTE ZWIEBEL
1 rote Zwiebel, in dünne Scheiben geschnitten
1 EL Zucker
1 TL Meersalz
100 ml Apfelessig

ZUM ANRICHTEN
Tabasco, zum Abschmecken
½ TL getrocknete Chiliflocken
Saft von 1 Limette
2 EL frisch gehackter Koriander
1 grüne Chilischote, in dünne Scheiben geschnitten

Wenn du auf der Suche nach einem deftigen Salat bist, der so richtig satt macht, bist du hier genau richtig! Die Bowl lässt sich super einfach zubereiten und ist ein bunter Farbklecks auf jeder Party. Der Salat enthält viel Eiweiß dank der Bohnen und gesunde Fette aus der Avocado, und die eingelegten roten Zwiebeln verleihen ihm eine raffinierte liebliche Note. Bevor ich alles zusammenmische, gebe ich gerne etwas Tabasco, ein paar Chiliflocken und einen Spritzer Limettensaft hinzu. Die Bowl eignet sich super zum Mitnehmen, als nahrhaftes Lunch.

Zunächst die schnell eingelegte Zwiebel zubereiten. Dafür die rote Zwiebel, Zucker, Salz und Apfelessig in eine Schüssel geben und gut vermischen. Mindestens 10 Minuten lang beiseitestellen.

Den Couscous in eine hitzebeständige Schüssel geben und mit dem kochenden Wasser übergießen. Abdecken und 5 Minuten beiseitestellen.

Die Tomaten, den Mais, den Salat, die schwarzen Bohnen und die Avocado in eine Schüssel geben. Den Couscous mit einer Gabel auflockern und hinzufügen. Etwas von der eingelegten Zwiebel darüber verteilen und vor dem Servieren mit Tabasco, Chiliflocken, Limettensaft, frischem Koriander und in Scheiben geschnittener grüner Chili bestreuen.

Schwarze Bohnen enthalten Antioxidantien, Ballaststoffe und Proteine sowie Eisen, Zink, Kalzium und Magnesium, was sie zu einer sehr nahrhaften Proteinquelle macht.

TIPP

Tausche den Couscous gegen Reis aus, verwende diesen Salat als Füllung für meine selbstgemachten Top Tortillas (siehe Seite 172) und mache daraus gesunde Burritos.

Rote-Bete-Limabohnen-Dip mit Raucharoma

Ergibt: 400 g
Vorbereitungszeit: 60 Min.

- 2 frische Rote Bete, geputzt und halbiert
- 2 EL Olivenöl
- 1 Dose Limabohnen à 400 g, abgetropft
- 2 Knoblauchzehen, gehackt
- abgeriebene Schale und Saft von 1 Zitrone
- 1 TL Meersalz
- ½ TL geräuchertes Paprikapulver
- 1 TL Kreuzkümmelsamen
- 2 EL Tahini
- 75–100 ml eiskaltes Wasser

Geröstete Rote Bete, Limabohnen, geräuchertes Paprikapulver und Kreuzkümmel machen aus diesem leuchtend roten Dip eine wunderbar ausgewogene Mischung aus süßem und rauchigem Aroma. Genieße ihn mit frischer Rohkost, gerösteten Pita-Chips oder Fladenbrot.

Den Backofen auf 200°C (Gas 6) vorheizen und eine ofenfeste Form mit Backpapier auslegen.

Die Rote Bete mit 1 Esslöffel Olivenöl einpinseln und in den Bräter legen. 45–60 Minuten lang backen, bis sich das Fruchtfleisch leicht mit dem Messer einstechen lässt. Zum Abkühlen beiseitestellen.

Die abgekühlten Rote Bete schälen und in einer Küchenmaschine oder einem Mixer mit dem restlichen Olivenöl, den Limabohnen, dem Knoblauch, Zitronensaft und -schale, Salz, geräuchertem Paprikapulver, Kreuzkümmel und Tahini auf höchster Stufe pürieren, bis die Masse dick und cremig ist. Dann so viel kaltes Wasser hinzufügen, bis der Dip die gewünschte Konsistenz erreicht hat. Abschmecken und bei Bedarf nachwürzen.

Der Dip lässt sich in einem sauberen Gefäß im Kühlschrank bis zu 5 Tage aufbewahren.

Rote Bete enthält B-Vitamine und ist eine ausgezeichnete Quelle für Vitamin C, Folsäure und Magnesium.

TIPP

Du hast gerade keine Limabohnen zu Hause? Du kannst auch Kichererbsen oder Cannellini-Bohnen aus der Dose verwenden.

Salat aus Süßkartoffeln, Grünkohl und Kichererbsen mit cremigem Tahini-Dressing

Ergibt: 2 Portionen als Hauptgericht
Vorbereitungszeit: 10 Min.
Kochzeit: 35 Min.

- 2 Süßkartoffeln, geschält und in 2 cm große Würfel geschnitten
- 1 Dose Kichererbsen à 400 g, abgetropft
- 2 EL Olivenöl
- 2 TL gemahlener Kreuzkümmel
- 1 TL gemahlener Koriander
- ½ TL Meersalz
- ¼ TL frisch gemahlener schwarzer Pfeffer
- 100 g Grünkohlblätter, klein geschnitten
- 1 rote Zwiebel, in dünne Scheiben geschnitten
- 40 g Kürbiskerne
- 1 Avocado, in dünne Scheiben geschnitten

TAHINI-DRESSING

- 2 EL Tahini
- 2 EL Olivenöl
- Saft von 1 Zitrone
- ½ TL Meersalz

Manchmal haben Salate den Ruf, langweilig zu sein. Dieser Salat ist alles andere als das. Unterschiedliche Konsistenzen und Aromen sowie gesundes Gemüse machen ihn so herzhaft und deftig, dass ich ihn eher als Hauptgericht denn als Beilage empfehlen würde. Der Grünkohl, die leicht gewürzte geröstete Süßkartoffel und die Kichererbsen werden mit einem würzigen und cremigen Zitronen-Tahini-Dressing kombiniert. Das Massieren des Grünkohls macht die Blätter zart und süß und wenn du ihn roh zubereitest, kommen alle Vitamine voll zur Geltung.

Den Backofen auf 180°C (Gas Stufe 4) vorheizen und ein Backblech mit Backpapier auslegen.

Die Süßkartoffel und die Kichererbsen in eine Rührschüssel geben und 1 Esslöffel des Olivenöls zugeben. Kreuzkümmel, Koriander, Salz und Pfeffer hinzufügen und umrühren, bis alles gleichmäßig bedeckt ist. Auf dem ausgelegten Backblech verteilen und 30–35 Minuten rösten, bis die Süßkartoffel an den Rändern langsam braun wird und die Kichererbsen goldgelb werden.

In der Zwischenzeit die Grünkohlblätter in eine große Schüssel geben und das restliche Olivenöl hinzufügen. Das Öl mit den Händen in die Blätter einmassieren, bis jedes Blatt bedeckt ist. Beiseitestellen, damit die Blätter weich werden.

Alle Zutaten für das Dressing mit 6 Esslöffeln heißem Wasser in einer kleinen Schüssel mit einer Gabel vermischen. Es sollte glatt und flüssig sein. Gib noch etwas heißes Wasser hinzu, falls dein Tahini zu dickflüssig ist.

Die gerösteten Süßkartoffeln, Kichererbsen, roten Zwiebeln, Kürbiskerne und Avocado zum Grünkohl geben. Mit dem Tahini-Dressing beträufeln und kurz vor dem Servieren unterrühren.

Grünkohl ist wirklich ein Superfood. Er besitzt entzündungshemmende Eigenschaften, ist reich an Antioxidantien, hilft bei der Entgiftung des Körpers und unterstützt die Herzgesundheit. Die dunkelgrüne Farbe kommt von Lutein und Zeaxanthin, Nährstoffen, die nachweislich Augenproblemen wie dem Grauen Star vorbeugen können.

TIPP

Möchtest du diesen Salat über mehrere Tage hinweg genießen? Um die frische Konsistenz zu bewahren, solltest du das Dressing separat aufbewahren und erst kurz vor dem Servieren unterrühren.

Wärmende Winterkürbissuppe mit gerösteten Croûtons

Ergibt: 4 Portionen
Vorbereitungszeit: 10 Min.
Kochzeit: 45 Min.

- 1 kleiner bis mittelgroßer Kürbis (ca. 800 g)
- 2 EL Olivenöl
- 1 Zwiebel, gewürfelt
- 5 cm großes Stück frischer Ingwer, geschält und gehackt
- 2 Knoblauchzehen, fein gehackt
- ½ TL Chilipulver (optional)
- ½ TL gemahlene Kurkuma
- 1 TL gemahlener Kreuzkümmel
- ½ TL Meersalz
- 400 ml Gemüsebrühe
- schwarzer Pfeffer aus der Mühle

TOPPINGS

- 3 EL Olivenöl
- 2 Scheiben Sauerteigbrot, in 3 cm große Würfel geschnitten
- 1 TL getrockneter Oregano
- 30 g Kürbiskerne, geröstet
- 2 EL frische Petersilie
- 3 EL Vollfett-Kokosmilch

Wärme dich mit einer Schüssel herzhafter Kürbissuppe mit knusprig gerösteten Croûtons auf! Mit immunstärkenden Zutaten wie Kurkuma, Ingwer und Knoblauch ist sie wie geschaffen für die kälteren Monate. Lästiges Kürbisschneiden oder -schälen in der Küche entfällt und es ist die perfekte Mahlzeit, die man im Voraus zubereiten kann.

Den Backofen auf 180°C (Gas Stufe 4) vorheizen.

Den ganzen Kürbis auf ein Backblech legen und im Backofen 30 Minuten lang backen oder solange, bis sich die Schale leicht mit einem Messer durchstechen lässt. Herausnehmen und 10 Minuten lang abkühlen lassen.

Das Öl in einem großen Topf auf mittlerer Flamme erhitzen, die Zwiebel hinzufügen und 5 Minuten weich dünsten, dann den Ingwer und den Knoblauch hinzufügen und weitere 2 Minuten dünsten.

Den gerösteten Kürbis halbieren, die Kerne herausschaben und beiseitestellen. Das Fruchtfleisch auslöffeln und zusammen mit dem Chilipulver (falls verwendet), Kurkuma, Kreuzkümmel, Salz und etwas Pfeffer in den Topf geben und gut umrühren. Mit der Gemüsebrühe aufgießen, den Deckel aufsetzen und 15 Minuten behutsam köcheln lassen.

Die Kürbiskerne abspülen und trocknen, um eventuelle Fasern zu entfernen. Eine Pfanne auf mittlerer Flamme erhitzen und die Kürbiskerne hineingeben. Ein paar Minuten rösten, bis sie leicht braun werden. Aus der Pfanne nehmen und abkühlen lassen. Die 3 Esslöffel Olivenöl in die Pfanne geben, dann die Brotwürfel und Oregano und 4–5 Minuten häufig umrühren, bis die Croûtons golden und knusprig sind.

Die Suppe mit einem Stabmixer (oder in einer Küchenmaschine) pürieren, bis sie glatt ist. Mit den knusprigen Sauerteigcroûtons, den gerösteten Kürbiskernen, Petersilie und einem Spritzer Kokosmilch servieren.

Die leuchtenden Gelb- und Orangetöne von Kürbis sind auf den hohen Gehalt an Alpha- und Beta-Carotin sowie Vitamin A zurückzuführen, die deine Haut zum Strahlen bringen.

TIPP

Für dieses Rezept eignet sich jede Kürbisart: Butternut- oder Kabocha-Kürbis sind köstliche süße Alternativen zum klassischen Hokkaido-Kürbis.

Grün-geht-immer-Suppe

Ergibt: 4 Portionen
Vorbereitungszeit: 5 Min.
Kochzeit: 25 Min.

400 g Brokkoli
1 EL vegane Butter oder Kokosöl
1 Zwiebel, in Scheiben geschnitten
2 Knoblauchzehen, gehackt
5 cm großes Stück frischer Ingwer, geschält und gehackt
150 g geputzte Grünkohlblätter, grob gehackt
40 g Blattspinat
20 g frische Petersilie, grob gehackt
10 g frische Minze, grob gehackt
Saft von 1 Zitrone
800 ml Gemüsebrühe oder Wasser
½ TL Meersalz
60 ml Vollfett-Kokosmilch

Dieses Kraftpaket ist alles, was eine grüne Suppe sein sollte: würzig, aromatisch und unglaublich nahrhaft. Mit viel Brokkoli, Grünkohl, Ingwer und Knoblauch ist sie mein Favorit an Tagen, an denen ich einen Vitaminschub brauche, um mein Immunsystem zu stärken. Das Rezept ist leicht abzuwandeln, du kannst also jede Sorte Grünzeug verwenden, die du gerade zur Hand hast.

Den Brokkoli samt Strunk in 5 cm große Stücke schneiden. Butter oder Öl in einem großen Topf bei mittlerer Hitze erhitzen, den Brokkoli und die Zwiebel hinzufügen und 5 Minuten anbraten, bis sie anfangen, weich zu werden. Knoblauch und Ingwer dazugeben und 2 Minuten weiterbraten.

Alle übrigen Zutaten, außer der Kokosmilch, hinzufügen und 20 Minuten köcheln lassen, bis der Brokkoli weich ist und man ihn zerdrücken kann. Kokosmilch hinzufügen und in einer Küchenmaschine oder mit einem Stabmixer pürieren, bis eine sämige Konsistenz erreicht ist.

Eine Portion gekochter Brokkoli enthält so viel Vitamin C wie eine Orange und deckt 245 Prozent des täglichen Bedarfs an Vitamin K ab. Außerdem enthält Brokkoli Vitamin A, Ballaststoffe, Kalium, Folsäure, B_1, B_2, Eisen, Magnesium und Zink.

TIPP

Der Strunk des Brokkolis enthält die gleichen Vitamine und Mineralstoffe wie die Röschen, also lohnt es sich, ihn ebenfalls zu verwerten. Falls du einmal einen Strunk übrighast, dann kannst du ihn in dieser Suppe verwerten.

DESSERTS DE LUXE

Ein betörend duftendes Dessert kann das perfekte Mittel gegen einen trüben Tag oder ein fröhlicher Abschluss eines gemütlichen Essens mit Freunden sein. Traditionell sind Desserts zucker- und fetthaltig, aber ich bin der Meinung, dass sie nahrhaft und trotzdem lecker sein können. Außerdem muss man für meine Desserts nicht stundenlang in der Küche schuften und du brauchst auch keine lange Liste ausgefallener Zutaten.

Es ist nicht weiter verwunderlich, dass Desserts glücklich machen können. Kohlenhydratreiches Essen veranlasst dein Gehirn, Serotonin und Tryptophan zu produzieren, die das emotionale Wohlbefinden fördern. Wenn du allerdings viele raffinierte Kohlenhydrate wie z. B. zuckerhaltige Süßigkeiten isst, wird das positive Hochgefühl nur von kurzer Dauer sein.

Desserts, die Ballaststoffe, Eiweiß und komplexe Kohlenhydrate enthalten, können den Blutzuckerspiegel regulieren und so einen Zuckersturz vermeiden. Die meisten Desserts in diesem Kapitel enthalten gar keinen raffinierten Zucker und kein Gluten, sondern nur natürlich süße Früchte, sodass du nicht lange überlegen musst, ob du eine zweite Portion isst!

Himbeer-Cheesecake-Pots

Ergibt: 4 kleine Gläser
Vorbereitungszeit: 10 Min.
Kühlzeit: 30 Min.

80 g Ingwerkekse, zerkleinert
20 g vegane Butter, geschmolzen
350 g Seidentofu
100 g vegane Kondensmilch oder 80 ml Ahornsirup
4 EL veganer Frischkäse
1 TL Vanilleextrakt
abgeriebene Schale und Saft von 2 Zitronen
300 g frische Himbeeren

Diese traumhaften Cheesecakes im Glas sind cremig, fruchtig, auf natürliche Weise erfrischend und man muss sie weder backen noch kochen. Ein buttriger Boden aus Ingwerkeksen wird mit einer cremigen Vanille-Käsekuchenfüllung und Himbeeren mit spritziger Zitrone belegt. Sie sind in weniger als einer Stunde fertig und eignen sich perfekt für eine Last-Minute-Party oder für Momente, in denen man einfach Lust auf etwas Süßes hat, was – wenn du so bist wie ich – so gut wie jeden Tag der Fall ist.

Die zerkleinerten Kekse in eine Schüssel geben und mit der geschmolzenen Butter vermischen. Mit einem Löffel in 4 Becher, Tassen oder kleine Gläser füllen. Seidentofu, Kondensmilch, Frischkäse, Vanille, Zitronenschale und die Hälfte des Zitronensafts in einer Küchenmaschine oder in einer Schüssel mit einem elektrischen Schneebesen mixen, bis die Masse glatt ist.

Den größten Teil der Beeren in eine Schüssel geben, ein paar Beeren zum Garnieren beiseitelegen. Den restlichen Zitronensaft dazugeben und das Ganze mit einer Gabel zerdrücken, bis die Konsistenz wie Marmelade ist. Die zerdrückten Himbeeren und die cremige Tofumischung auf den Biskuitboden in den Gläsern schichten und 30 Minuten lang kaltstellen.

Ich liebe Tofu, weil er für so viele Gerichte verwendet werden kann. Tofu ist kalorienarm, enthält reichlich pflanzliches Eiweiß, und dazu ist Sojaprotein eines der wenigen pflanzlichen Proteine, das alle neun essentiellen Aminosäuren enthält. Diese braucht unser Körper als Bausteine und für Reparaturvorgänge.

TIPP

Ich bin kein Fan der meisten veganen Käsekuchenrezepte, weil sie so viel Frischkäse enthalten. Wenn du es aber lieber „käsiger" magst, probiere die Mischung nach dem Mixen und gib noch ein paar Esslöffel veganen Frischkäse hinzu.

No-Bake Beeren-Schoko-Tarte

Ergibt: 1 Tarte (8–10 Stücke)
Vorbereitungszeit: 20 Min.
Kühlzeit: 1½ Std.

TARTEBODEN

150 g glutenfreie Haferflocken
50 g roher Buchweizen
100 g Haselnüsse
4 EL Kakao- oder Carobpulver
150 g Medjool-Datteln, entsteint
2 EL Kokosöl, geschmolzen, plus 1 EL zum Einfetten

FÜLLUNG

360 g frische Blaubeeren und/oder Brombeeren
60 g Zucker
2 TL Agar-Agar
1 EL Maisstärke
Saft von ½ Zitrone
350 ml Vollfett-Kokosmilch

TOPPINGS

100 g frische Blaubeeren und/oder Brombeeren
2 EL roher Buchweizen
50 g dunkle Schokolade

UTENSILIEN

23 cm Tarteform

Wie viele vollwertige und gesunde Zutaten in dieser Tarte versteckt sind, ist einfach unglaublich. Dazu kombiniert sie die fruchtigen Aromen von Brombeeren und Blaubeeren mit einem leckeren Kakao-Haselnuss-Boden, alles getoppt von dunkler Schokolade. Die Tarte wird nicht gebacken, sie ist glutenfrei und wirklich einfach in der Zubereitung.

Zunächst den Tarteboden zubereiten. Dafür Haferflocken, Buchweizen, Haselnüsse und Kakao in eine Küchenmaschine oder einen Mixer geben und mixen, bis die Mischung die Konsistenz von feinem Sand annimmt. Die Datteln, 1 Esslöffel Wasser und die 2 Esslöffel Kokosöl hinzufügen und erneut solange mixen, bis alles gut vermischt ist. Die Mischung sollte sich leicht mit den Fingern zusammenpressen lassen: Wenn sie zu trocken ist, einen weiteren Esslöffel Wasser hinzufügen und erneut mixen. Die Tarteform mit dem Kokosöl einfetten und die Masse hineinrücken, um Boden und Rand der Tarte zu formen. Mindestens 15 Minuten im Gefrierfach fest werden lassen, während du die Füllung zubereitest.

Die Blaubeeren und/oder Brombeeren, die Hälfte des Zuckers, Agar-Agar, Maisstärke und Zitronensaft in einen mittelgroßen Topf geben und bei mittlerer Hitze 5 Minuten sprudelnd kochen. Anschließend alles in der Küchenmaschine oder mit dem Stabmixer ein paar Sekunden lang mixen, aber nicht ganz glatt pürieren. Die Masse in ein Sieb geben und mit dem Löffelrücken ausdrücken, dabei das Beerenmark auffangen – wir benötigen 240 ml. Das übrig gebliebene Fruchtfleisch nicht wegschmeißen, sondern zum Bestreichen von Toast oder als Topping für Haferflocken oder Overnight-Oats (Seite 36) aufheben.

Das Beerenmark zurück in den Topf füllen, die Kokosmilch und den restlichen Zucker dazugeben und etwa 10 Minuten lang leicht erhitzen, dabei häufig mit einem Schneebesen umrühren. Sobald die Masse eindickt, vom Herd nehmen und noch einmal gut umrühren, damit die Masse wirklich glatt ist. Alles auf den gekühlten Tarteboden geben und mindestens 1 Stunde im Kühlschrank ruhen lassen, damit die Masse fest wird. Mit frischen Beeren, etwas rohem Buchweizen und dunkler Schokolade garnieren.

Dank ihres hohen Gehalts an Polyphenolen wirken Brombeeren antikanzerogen. Sie können auch die Gedächtnisleistung verbessern, weil sie viel Mangan enthalten, das für die Gehirnfunktion unentbehrlich ist.

TIPP

Du hast keine Haselnüsse im Haus? Nimm stattdessen Mandeln, Cashews oder Walnüsse.

Tropisches Eis am Stiel

Ergibt: 8 Eis am Stiel
Vorbereitungszeit: 10 Min.
Gefrierzeit: 6 Std.

1 Dose Vollfett-Kokosmilch à 400 g
1 TL Vanilleextrakt
3 EL Ahornsirup oder Agavendicksaft
220 g Ananas
1 Passionsfrucht, das Fruchtfleisch ausgelöffelt
1 Clementine oder 1 kleine Orange, geschält
1 Mango, geschält und gewürfelt

ZUM ANRICHTEN
1 Passionsfrucht

UTENSILIEN
8 Eisförmchen
8 Holzstiele

Cremige Kokosnuss und Vanille werden mit Ananas, Passionsfrucht und Mango in diesem tropischen Eis am Stiel zum ultimativen Sommergenuss! Da dieses Eis keinen raffinierten Zucker enthält, können auch die ganz Kleinen mitessen. Wenn ich dieses Dessert für Gäste zubereite, beträufle ich das Eis kurz vor dem Servieren gerne mit frischer Passionsfrucht – hmm!

Kokosmilch, Vanille und Ahornsirup in einer Schüssel verquirlen. Jedes Eisförmchen zu einem Drittel mit der Kokosmilch-Mischung füllen. Die restliche Kokosmilch kühl stellen. In jede Mulde einen Stiel stecken und die Form 30 Minuten in den Gefrierschrank oder das Gefrierfach stellen, damit die Masse fest wird.

Ananas, Passionsfruchtfleisch, Clementine und Mango in eine Küchenmaschine oder einen Mixer geben und glatt pürieren. Die Fruchtmischung auf die angefrorene Kokosmasse gießen und mit der restlichen Kokosmilch auffüllen. Mindestens 6 Stunden in den Gefrierschrank stellen, bis die Masse fest ist.

Vor dem Servieren frische Passionsfrucht darüber träufeln.

Kokosmilch enthält Laurinsäure, die eine antimikrobielle Wirkung gegen Viren und Bakterien im Körper besitzt.

TIPP

Du kannst jede beliebige Frucht für dieses Rezept nehmen. Verwende eine Mischung aus Erdbeeren und Himbeeren für eine rote Variante oder Blaubeeren und Brombeeren für ein lila Eis!

Apple Roses

Ergibt: 6 Stück
Vorbereitungszeit: 10 Min.
Backzeit: 25 Min.

4 möglichst große süße Äpfel
Saft von 1 Zitrone
500 g veganer Blätterteig
3 EL Himbeerkonfitüre
3 TL gemahlener Zimt
1 EL Oliven- oder Pflanzenöl
2 EL Puderzucker

UTENSILIEN
6er-Muffinform

Diese köstlichen Apfelrosen aus Blätterteig werden deine Gäste sicher beeindrucken. Sie sind wirklich super einfach zuzubereiten und die Kombination aus zartschmelzendem Blätterteig und süßen Äpfeln ist einfach nur köstlich.

Die Äpfel entkernen, vierteln und in sehr dünne Scheiben schneiden. Mit dem Zitronensaft und 2 Esslöffeln Wasser in eine mikrowellengeeignete Schüssel geben und darauf achten, dass alle Scheiben bedeckt sind. In der Mikrowelle zugedeckt auf höchster Stufe 2 Minuten lang weich werden lassen.

Den Backofen auf 190°C (Gas Stufe 5) vorheizen. Den Blätterteigblock ausrollen und 6 etwa 7,5 cm breite Teigstreifen ausschneiden. Die Konfitüre mit 2 Esslöffeln Wasser verrühren und alle Teigstreifen damit bestreichen.

Die Apfelscheiben in ein feines Sieb geben und die Flüssigkeit abgießen. Die Apfelscheiben vorsichtig so auf die obere Hälfte jedes Streifens legen, dass sie sich überlappen und die Äpfel etwas aus dem Teig herausragen: Sie bilden die Blütenblätter der Rosen. Jeden Streifen mit einem halben Teelöffel Zimt bestreuen. Die untere Hälfte jedes Teigstreifens nach oben falten, sodass die Apfelscheiben nicht herausfallen können.

Eine 6er-Muffinform mit Öl einfetten. Die Teigstreifen vorsichtig aufrollen und die Apfelrosen in die Muffinförmchen setzen.
25 Minuten lang backen, bis der Teig goldbraun ist. Mit Puderzucker bestäuben und servieren.

Einige Studien haben gezeigt, dass das Pektin in Äpfeln die Regulation nützlicher Darmbakterien unterstützen und Entzündungen im Körper verhindern kann. Dank ihres hohen Ballaststoffgehalts können sie auch zur Vorbeugung von Diabetes beitragen.

TIPP

Größere Äpfel sind für dieses Rezept leichter zu verarbeiten. Versuche also, möglichst große, süße Tafeläpfel zu finden.

Blitzschnelle No-Bake Blaubeer-Donuts

Ergibt: 24 Mini-Donuts
Vorbereitungszeit: 20 Min.

DONUTS
150 g Cashewkerne
140 g feine oder kernige Haferflocken
1 Messlöffel Vanille-Proteinpulver (optional)
1 TL Vanilleextrakt
90 g Kokosraspeln
½ TL gemahlener Zimt
150 g Rosinen
1 EL Kokosöl, plus etwas mehr zum Einfetten

BLAUBEERGLASUR
120 g Cashewkerne, eingeweicht und abgetropft (siehe Tipp)
120 ml Vollfett-Kokosmilch
2 EL Kokosöl
50 g Blaubeeren
Saft von ½ Zitrone

TOPPINGS NACH WAHL
2 EL Kokosraspeln
2 EL Kakaonibs
40 g Blaubeeren

UTENSILIEN
Donut-Backform

Diese leuchtend lila Blaubeer-Donuts enthalten weder Zucker noch Gluten und müssen nicht gebacken werden. Mit ihren gesunden Inhaltsstoffen und ihrer natürlichen Süße sind sie eine gesunde Nascherei, die sogar als Frühstück durchgeht!

Cashews, Haferflocken, Proteinpulver (falls verwendet), Vanilleextrakt, Kokosraspeln und Zimt in eine Küchenmaschine oder einen Mixer geben und mit der Impulsfunktion so lange mixen, bis eine sandige Konsistenz entsteht. Die Rosinen und das Kokosöl hinzufügen und zu einem Teig mixen. Wenn der Teig zu trocken ist, löffelweise 2–4 Esslöffel Wasser zugeben, bis er zu einer Kugel wird. Zum Festwerden in den Kühlschrank stellen, während du die Blaubeerglasur zubereitest.

Die Schüssel der Küchenmaschine ausspülen und alle Zutaten für die Glasur hineinfüllen. 7–8 Minuten lang mixen, bis die Mischung wirklich glatt und cremig ist. Bei Bedarf den Mixer anhalten, die Seiten der Schüssel sauberkratzen und weitermixen. Die Glasur in eine Schale umfüllen.

Eine Donut-Form (siehe Tipp, wenn du keine Donut-Form hast) mit etwas Kokosöl einfetten. Die gekühlte Donut-Mischung in die Form drücken und dabei fest pressen. Anschließend die Donuts vorsichtig mithilfe eines stumpfen Messers herausheben.

Die Oberseite der Donuts in die Glasur tauchen, dann mit Kokosraspeln, Kakaonibs und Blaubeeren dekorieren. Im Kühlschrank bis zu 3 Tage aufbewahren.

Blaubeeren verleihen diesen Donuts nicht nur das schönste natürliche Lila, das du je gesehen hast, sondern sie haben auch eine ganze Reihe gesundheitlicher Vorteile. Sie sind reich an Polyphenolen, also Antioxidantien, die zur Gesunderhaltung des Herzens beitragen können.

TIPP

Cashews kannst du über Nacht in kaltem Wasser oder 20 Minuten lang in kochendem Wasser einweichen. Nimm nur so viel Wasser, dass sie gerade bedeckt sind. Wenn du keine Donut-Form besitzt, formst du die Donuts mit der Hand. Einfach jeweils einen Esslöffel Teig zu einer Kugel formen, zwischen den Handflächen etwas flach drücken und in die Mitte ein Loch stechen.

Easy-peasy Pfirsich-Sorbet

Ergibt: 6 Portionen
Vorbereitungszeit: 5 Min.
Kühlzeit: über Nacht

900 g reife Pfirsiche (etwa 9 Stück), geschält, entsteint und grob gehackt
225 g Puderzucker
Saft von 1 Zitrone

Ich liebe Sorbets wegen ihres fruchtigen, erfrischenden Aromas und ihrer Konsistenz. Ob als Gaumenschmeichler nach dem Essen oder an einem heißen Sommertag in einer Eiswaffel, sie sind immer köstlich. Dieses Pfirsich-Sorbet wird aus nur drei Zutaten hergestellt – einfacher geht's nicht, eben easy-peasy. Und du brauchst keine Eismaschine, lediglich eine Küchenmaschine oder einen Mixer.

Das Fruchtfleisch der Pfirsiche zusammen mit dem Puderzucker und dem Zitronensaft in eine Küchenmaschine oder einen Mixer geben und auf höchster Stufe pürieren, bis alles glatt ist. Zwischendurch immer wieder die Masse von den Seiten der Schüssel abkratzen.

Die Masse in einen verschlossenen Behälter geben und über Nacht einfrieren oder solange, bis es fest ist. Das Sorbet vor dem Servieren etwas antauen lassen, bevor du die Masse in Schüsseln oder Eiswaffeln portionierst.

Pfirsiche sind gut für die Knochengesundheit. Ein Pfirsich enthält fast 250 mg Kalium, das die Knochendichte verbessern kann.

TIPP

Du hast nicht genügend Pfirsiche? Ersetze einen Teil der Pfirsiche durch Ananas, Mango oder deine Lieblingsbeeren. Solange du ein Verhältnis von 4 Teilen Obst zu 1 Teil Zucker einhältst, bekommst du immer die richtige Konsistenz.

KÖSTLICHE KUCHEN UND GEBÄCKE

Wann immer ich abschalten, entspannen oder mich ablenken möchte, suche ich mir ein Rezept aus und verliere mich für eine Weile in der Küche. Tatsächlich kann Backen therapeutisch wirken. Die Forschung zeigt, dass Backen die Hirnaktivität auf die gleiche Weise regulieren kann wie achtsame Meditation, da es den Teil des Gehirns anspricht, der für strategisches Denken und Selbstregulierung zuständig ist. Es kann dir auch helfen, zur Ruhe zu kommen und präsent zu sein, denn beim Backen musst du dich bewusst auf das konzentrieren, was du gerade tust.

Ich ziehe eine ungeheure Befriedigung daraus, aus ein paar Zutaten eine wunderbare Leckerei zu zaubern, die ich genießen und mit anderen teilen kann. Ein liebevoll gebackener Kuchen ist auch das perfekte Geschenk für eine Freundin oder einen Freund. Ein Stück Kuchen und eine Tasse Tee sind doch die Lösung für die meisten Probleme im Leben, oder? Hier findest du leicht nachzumachende, fantasievolle Rezepte, die mit vielen natürlichen Zutaten und einer Extraportion Liebe zubereitet werden.

Luftiger Limettenkuchen mit Kokosglasur

Ergibt: 1 Kastenkuchen (ca. 8 Portionen)
Vorbereitungszeit: 20 Min.
Backzeit: 55 Min.

KUCHEN
Saft von 1 Limette
250 ml Sojamilch
100 g vegane Butter
80 g plus 1 EL Rohrzucker
50 g Puderzucker
abgeriebene Schale von 4 Limetten
300 g Weizenmehl Type 550
1 TL Backpulver
½ TL Natron

LIMETTENSIRUP
Saft von 2 Limetten
60 g Zucker

GUSS
1 Dose Vollfett-Kokosmilch à 400 g, nur das Fett (ca. 190 g)
100 g Puderzucker

UTENSILIEN
900 g Kastenform

Zitronenguss war gestern, jetzt kommt Limette. Dieser fluffige Kastenkuchen (siehe Foto Seite 128) enthält Limetten im Teig und er wird zusätzlich nach dem Backen mit Limettensirup beträufelt. Mit einer cremigen Kokosglasur als abschließende Krönung ist diese einzigartige Aroma-Kombination nicht zu überbieten!

Den Backofen auf 180°C (Gas Stufe 4) vorheizen und eine Kastenform mit einem breiten Streifen Backpapier auslegen, damit sich der Kuchen leicht herausnehmen lässt.

Den Limettensaft und die Sojamilch in eine Schüssel geben, mit einer Gabel gut umrühren und zum Gerinnen beiseitestellen.

Die vegane Butter und beide Zuckersorten in eine große Schüssel geben und mit dem Handrührgerät oder mit dem Standmixer 4–5 Minuten lang cremig schlagen. Drei Viertel der abgeriebenen Limettenschale hinzufügen, den Rest für später aufheben. Die geronnene Sojamilch dazugeben und untermischen.

Mehl, Backpulver und Natron auf die cremige Buttermischung sieben. Kurz mit einem Holzlöffel oder Spatel verrühren, bis alles gut vermengt ist, aber darauf achten, nicht zu viel zu rühren.

Den Teig in die vorbereitete Kastenform geben und im Backofen 45–55 Minuten backen, bis die Oberfläche goldgelb ist und an einem Zahnstocher, den man in die Mitte des Kuchens sticht, kein Teig mehr klebt.

Für den Limettensirup den Limettensaft und den Zucker in einen kleinen Topf geben und 5–7 Minuten lang köcheln lassen, bis sich der Zucker aufgelöst hat und der Sirup leicht eindickt.

Den Kuchen aus dem Backofen nehmen und, solange er noch warm ist, mit einem Zahnstocher oder einem Essstäbchen mehrere Löcher in die Oberfläche des Kuchens einstechen. Dann mit dem warmen Zuckersirup bepinseln. Aus der Form nehmen und zum Abkühlen beiseitestellen.

Für den Kokosguss das Fett aus der Kokosmilchdose abschöpfen. Die restliche Flüssigkeit für Smoothies oder Currys aufheben. Den Puderzucker in die Schüssel sieben und mit einem elektrischen Handrührgerät oder einem Standmixer solange rühren, bis die Masse glatt und cremig ist. Abhängig von der Kokosmilch kann sie etwas dünnflüssig sein. In diesem Fall kannst du die Masse 30 Minuten in den Kühlschrank stellen, damit sie etwas fester wird.

Den Kuchen mit dem Kokosguss bestreichen und mit der restlichen Limettenschale und ein paar dünn geschnittenen Limettenscheiben garnieren. Am besten innerhalb von 3 Tagen essen. Kuchenreste in Form oder einem luftdichten Behälter aufbewahren.

Limetten enthalten enorm viele Antioxidantien und Vitamin C, was sie zu einem großartigen Immunstimulator macht. Eine Limette liefert bis zu 32 Prozent des Tagesbedarfs an Vitamin C. Außerdem enthalten sie viel Magnesium und Kalium, was die Herzgesundheit unterstützen kann.

TIPP

Damit das Fett in der Kokosmilchdose nach oben steigt, stelle die Dose bereits am Vortag in den Kühlschrank.

Blaubeer-Zitronen-Kuchen

Ergibt: 1 Kastenkuchen (8 Portionen)
Vorbereitungszeit: 10 Min.
Backzeit: 1 Stunde

250 ml ungesüßte Mandelmilch
2 TL Vanilleextrakt
80 ml Pflanzenöl
abgeriebene Schale und Saft von 2 großen Zitronen
300 g glutenfreies Mehl
145 g Puderzucker
1½ TL Backpulver
¼ TL Natron
¼ TL Meersalz
150 g frische Blaubeeren

UTENSILIEN
900 g Kastenform

Blaubeer-Zitronen-Kuchen ist einer meiner liebsten Alltagskuchen. Blaubeeren und Zitronen sind für mich der Inbegriff des Sommers – ich kann gar nicht anders als mich über diese Kombination zu freuen. Der mit Blaubeeren und dem süß nach frischen Zitronen schmeckende Kuchen ist mit seiner wunderbar saftigen und fluffigen Krume garantiert ein Volltreffer!

Den Backofen auf 180°C (Gas Stufe 4) vorheizen und die Kastenform mit Backpapier auslegen oder leicht einfetten.

Mandelmilch, Vanilleextrakt, Öl, Zitronenabrieb und Zitronensaft in einer Schüssel verrühren.

Alle restlichen Zutaten bis auf die Blaubeeren in eine andere Schüssel geben. Die trockenen Zutaten gut vermischen, dann zu den feuchten Zutaten geben und zu einem glatten Teig verarbeiten. Dreiviertel der Blaubeeren unterheben, den Rest aufheben.

Den Teig in die vorbereitete Kastenform füllen und mit den restlichen Blaubeeren bestreuen. 50–55 Minuten lang backen, bis der Teig goldgelb ist und an einem in die Mitte eingestochenen Zahnstocher kein Teig mehr klebt. Den Kuchen vollständig abkühlen lassen, bevor du ihn aus der Form nimmst und in Scheiben schneidest. Er hält sich bei Zimmertemperatur ein paar Tage oder im Gefrierschrank bzw. Gefrierfach bis zu einem Monat.

Blaubeeren sind eine meiner Lieblingsbeeren zum Backen. Mit ihrer natürlichen Süße und ihrem Gehalt an Kalium und Vitamin C wirken sie stark entzündungshemmend und sie enthalten außerdem viele Antioxidantien.

TIPP

Gerade keine Blaubeeren zur Hand? Dieses Rezept funktioniert auch mit Brombeeren oder Himbeeren wunderbar.

Blaubeer-Knusperauflauf

Ergibt: 1 Tarte (ca. 8 Portionen)
Vorbereitungszeit: 15 Min.
Backzeit: 45 Min.

FÜLLUNG

400 g frische Blaubeeren
3 EL Kokosblütenzucker
2 EL Tapiokastärke

BODEN/KRUSTE

220 g Haferflocken (oder glutenfreie Haferflocken)
200 g Pekannüsse
40 g Kokosblütenzucker
1 TL Backpulver
100 g vegane Margarine oder festes Kokosöl, plus etwas mehr zum Einfetten

UTENSILIEN

23 cm große Tarteform mit Wellenrand

Dieses ultimative Dessert für Blaubeerliebhaber lässt sich ganz einfach zubereiten, kommt ohne raffinierten Zucker aus und enthält nur sieben Zutaten! Mit natürlich süßen Blaubeeren, umhüllt von einer buttrigen Pekannuss- und Haferkruste, ist der Knusperauflauf die Schlemmerei schlechthin, besonders mit einer Kugel veganem Vanilleeis obendrauf!

Den Backofen auf 180°C (Gas Stufe 4) vorheizen und eine Tarteform einfetten.

Für die Füllung die Blaubeeren, den Kokosblütenzucker und die Tapiokastärke in einer Schüssel vermischen. Beiseitestellen.

Für den Boden die Haferflocken, die Hälfte der Pekannüsse und den Kokosblütenzucker in eine Küchenmaschine oder einen Mixer geben und mit der Impulsfunktion krümelig mixen. In eine Schüssel umfüllen und mit dem Backpulver vermengen. Die vegane Margarine oder das feste Kokosöl hinzugeben und mit den Fingerspitzen in die Haferflockenmischung einarbeiten und zu einem Krümelteig verkneten. Ein Viertel des Krümelteigs für den Belag beiseitestellen. Den Teig gleichmäßig auf dem Boden und an den Seiten der gefetteten Tarteform andrücken.

Die Blaubeeren auf den Teig geben, dabei darauf achten, dass sie möglichst trocken sind. Die Flüssigkeit der Blaubeeren nicht verwenden.

Die restlichen Pekannüsse grob hacken, unter den restlichen Krümelteig heben und über den Auflauf streuen. Den Blaubeer-Knusperauflauf 25 Minuten lang backen, dann die letzten 20 Minuten mit Folie abdecken. Vor dem Servieren 10 Minuten abkühlen lassen oder kalt servieren. Köstlich mit Eiscreme oder veganem Joghurt.

Das Blau der Blaubeeren entsteht durch ein Antioxidans namens Anthocyan, das freie Radikale zerstören soll. Freie Radikale können Alterungsprozesse beschleunigen und das Immunsystem schwächen. Also sind Blaubeeren mit ihren Anthocyanen und ihrem hohen Vitamin-C-Gehalt meine erste Wahl, wenn ich etwas für mein Immunsystem tun will.

TIPP

Blaubeeren haben gerade keine Saison? Ersetze sie durch verschiedene andere Beeren wie Brombeeren. Du hast keine Pekannüsse? Walnüsse oder Mandeln sind eine gute Alternative.

Pinke Rote-Bete-Schoko-Muffins

Ergibt: 10 Muffins
Vorbereitungszeit: 45 Min.
Backzeit: 15 Min.

- 2 EL gemahlene Leinsamen
- 240 g gekochte Rote Bete (etwa 2 mittelgroße Rote Bete)
- 60 ml Kokosöl, plus 1 EL zum Einfetten
- 100 g Kokosblütenzucker
- 60 ml Hafermilch
- 70 g Ahornsirup oder Agavendicksaft
- 200 g Weizenmehl Type 550
- 40 g Carob- oder Kakaopulver
- ½ TL Natron
- 1½ TL Backpulver
- ½ TL Meersalz
- 80 g dunkle Schokoladenchips

GUSS

- 150 g Cashewkerne
- 6 EL Ahornsirup oder Agavendicksaft
- 2 EL Kokosöl, geschmolzen
- 1 TL Vanilleextrakt
- 1 TL Rote-Bete-Pulver

UTENSILIEN

12er-Muffinform

Diese Schoko-Muffins sind nicht nur weich und zart, sondern ganz und gar gesund, denn sie enthalten keinen raffinierten Zucker, dafür aber zwei Knollen Rote Bete! Rote Bete macht die Muffins schön saftig und man schmeckt sie überhaupt nicht. Der Guss ist aus Cashew und Agavendicksaft oder Ahornsirup und enthält Rote-Bete-Pulver, das ihm die natürliche, leuchtend pinke Farbe schenkt. Wenn du kein Rote-Bete-Pulver bekommst, sind die Muffins auch ohne Glasur köstlich, aber ich kann diesen knallpinken Cashew-Toppings einfach nicht widerstehen!

Den Backofen auf 180°C (Gas Stufe 4) vorheizen und die Muffinform mit etwas Öl einfetten.

Die gemahlenen Leinsamen mit 6 Esslöffeln Wasser in einer kleinen Schüssel zu einem Gel verrühren und zum Eindicken beiseitestellen. Die Rote Bete in einer Küchenmaschine oder einem Mixer pürieren. Leinsamen-Eiersatz, Öl, Kokosblütenzucker, Hafermilch und Agavendicksaft zugeben und zu einer glatten Masse verarbeiten. Die Mischung in eine Rührschüssel geben und Mehl, Carob- oder Kakaopulver, Natron, Backpulver und Salz hineinsieben. Kurz, aber nicht zu stark verrühren. Zum Schluss die Schokoladenchips unterheben, dabei einige zum Bestreuen der Muffins aufheben. Die Masse sollte sehr dick sein. Mit einem Esslöffel den Teig in die gefettete Muffinform geben und 15 Minuten backen, bis an einem in der Mitte eines Muffins eingestochenen Zahnstocher kein Teig mehr klebt. Vor dem Herausnehmen aus der Muffinform 15 Minuten abkühlen lassen.

Für die Glasur die Cashews in eine Schüssel geben, mit frisch abgekochtem Wasser übergießen und mindestens 20 Minuten einweichen. Anschließend Cashews abtropfen lassen und in eine Küchenmaschine oder einen Mixer geben. Agavendicksaft, Kokosöl und Vanille hinzufügen. 7–10 Minuten lang mixen, bis die Masse wirklich glatt und cremig ist. Das Rote-Bete-Pulver nach und nach zugeben, bis die gewünschte Farbe erreicht ist. Die Glasur auf den ausgekühlten Muffins verteilen und mit ein paar Schokoladenchips verzieren. In einem luftdicht verschlossenen Behälter kannst du die Muffins bis zu 4 Tage aufbewahren.

Rote Bete sind ein echtes Kraftpaket unter den Gemüsesorten. Sie enthalten viele wichtige Nährstoffe wie Kalzium, Vitamin K und Folsäure. Außerdem werden ihnen blutdrucksenkende, leistungssteigernde und entzündungshemmende Eigenschaften nachgesagt.

TIPP

Du kannst keine gekochte Rote Bete auftreiben? Nimm frische Rote Bete: Zum Rösten die Knollen waschen und eine knappe Stunde im Backofen bei 180°C (Gas Stufe 4) rösten, bis sie sich mit einem Messer leicht anstechen lassen. Dann schälen und wie oben beschrieben verwenden.

Cranberry-Orangen-Mini-Gugelhupfe

Ergibt: 10 Mini-Gugelhupfe
Vorbereitungszeit: 10 Min.
Backzeit: 35 Min.

- 250 g Weizenmehl Type 550
- ½ TL Natron
- 1½ TL Backpulver
- ⅛ TL Meersalz
- 160 g Puderzucker
- 1 EL Chiasamen
- 220 ml Sojamilch
- abgeriebene Schale und Saft von 2 Orangen (ca. 130 ml)
- 200 ml raffiniertes Olivenöl, plus 1 EL zum Einfetten
- 2 TL Vanilleextrakt
- 150 g getrocknete Cranberries

GUSS

- 180 g Puderzucker, gesiebt
- 4–5 EL Cranberrysaft

TOPPING

- 2 EL abgeriebene Orangenschale
- 1 EL getrocknete Cranberries, fein gehackt

UTENSILIEN

6er-Mini-Gugelhupfform

Cranberries und Orangen sind eine herrlich fruchtige Kombination, die wie geschaffen ist für Kuchen! Diese saftigen, zitronigen Küchlein werden mit einer hübschen rosafarbenen Glasur beträufelt. Ich genieße sie gerne als Nachmittagssnack mit einer Tasse Tee.

Den Backofen auf 180 °C (Gas Stufe 4) vorheizen und die Gugelhupfform mit einem Esslöffel Olivenöl einfetten.

Mehl, Natron, Backpulver, Salz und Puderzucker in einer Rührschüssel mischen. In einer kleinen Schüssel die Chiasamen mit 3 Esslöffeln Wasser vermischen und zum Andicken beiseitestellen.

In einer separaten Schüssel oder einem großen Krug die Sojamilch, den Orangensaft, das Olivenöl und den Vanilleextrakt vermischen. Mit einer Gabel gut verrühren und dann in das „Chia-Ei" einrühren. Die flüssigen Zutaten zu den trockenen Zutaten geben und mit einem Holzlöffel kurz umrühren, bis alles gut vermischt ist. Die Cranberries und die Orangenschale unterrühren, dabei die Zutaten nicht zu stark mischen.

Den Teig in die Gugelhupfform füllen, sodass jede Mulde zu drei Vierteln gefüllt ist. 35–40 Minuten backen, bis die Küchlein goldbraun sind und an einem in der Mitte der Küchlein eingestochenen Zahnstocher kein Teig mehr klebt. Aus dem Backofen nehmen und in der Form vollständig abkühlen lassen. Den Vorgang mit dem restlichen Teig wiederholen (ergibt insgesamt 10 Stück).

Für den Guss den Puderzucker in einer Rührschüssel verrühren und nach und nach den Cranberrysaft untermischen, bis eine dicke, aber gießbare Masse entsteht. Mit einem Esslöffel Zuckerguss über jeden Gugelhupf träufeln und mit Orangenabrieb und gehackten Cranberries garnieren. In einem luftdichten Behälter lassen sich die Gugelhupfe bis zu 3 Tage aufbewahren.

Der frische Cranberrysaft verleiht der Glasur einen natürlichen rosa Farbton. Wenn du keinen vorrätig hast, kannst du stattdessen auch eine Prise Rote-Bete-Pulver verwenden.

TIPP

Die Cranberries lassen sich problemlos durch Rosinen oder Sultaninen ersetzen.

Sunshine Heart Tartes

Ergibt: 6 Mini-Tartes
Vorbereitungszeit: 10 Min. plus Abkühlzeit
Kochzeit: 10 Min.

BODEN
- 350 g Buchweizen
- 180 g entsteinte Datteln
- 3 EL festes Kokosöl, plus etwas mehr zum Einfetten

QUARKFÜLLUNG
- 3 EL Ahornsirup oder Agavendicksaft
- 3 EL festes Kokosöl
- 1 TL Vanilleextrakt
- 240 ml Vollfett-Kokosmilch aus der Dose
- abgeriebene Schale und Saft von 2–3 Zitronen
- ¼ TL gemahlene Kurkuma oder nach Belieben mehr
- 3 EL Maisstärke
- 1 TL Agar-Agar

TOPPING
- 1 EL Zitronenzesten
- geröstete Kokoschips
- 2 Zitronenscheiben, in winzige Spalten geschnitten

UTENSILIEN
- 6 herzförmige Mini-Tarteförmchen

Eine Nascherei mit Zitronenaroma ist immer ein himmlischer Genuss; diese Mini-Tartes sind da keine Ausnahme. Die herzförmigen Törtchen mit ihrem Dattel- und Buchweizenboden sind mit einem sehr spritzigen und cremigen Zitronenquark gefüllt. Und du brauchst nicht einmal den Backofen einzuschalten. All deine Gäste dürfen zugreifen, denn sie enthalten keine Nüsse, kein Gluten und keinen raffinierten Zucker.

Zunächst den Boden zubereiten. Dafür den Buchweizen in einer Küchenmaschine zu einem groben Mehl verarbeiten. Die Datteln und das Kokosöl hinzufügen und mit der Impulsfunktion alles gut vermischen. 75 ml Wasser zugeben, einen Esslöffel nach dem anderen, bis ein Teig entsteht. Er sollte leicht zusammenkleben, aber nicht zu feucht sein.

Die Tarteförmchen mit etwas Kokosöl einfetten und den Teig gleichmäßig in die Förmchen drücken. Im Gefrierschrank bzw. Gefrierfach abkühlen lassen, während du die Füllung zubereitest.

Für die Quarkfüllung Ahornsirup, Kokosöl, Vanille und Kokosmilch in einen kleinen Topf geben und langsam zum Köcheln bringen. Den Saft und die Schale von 2 Zitronen und die Kurkuma hinzufügen. Abschmecken und mehr Zitronensaft zugeben, wenn du möchtest. Sollen die Törtchen noch intensiver gelb werden, füge etwas mehr Kurkuma hinzu.

Die Maisstärke mit 3 Esslöffeln kaltem Wasser in einer kleinen Schüssel zu einer Paste verrühren. Während der Zitronenquark auf niedriger Flamme köchelt, die Stärkemischung unter Rühren zugeben. Die Mischung sollte nach ein bis zwei Minuten eindicken. Das Agar-Agar hinzufügen und weitere 3 Minuten köcheln. Die Masse sollte die Konsistenz dicker Vanillesauce annehmen. Vom Herd nehmen und ein paar Minuten abkühlen lassen.

Die Tarteförmchen aus dem Gefrierfach nehmen. Löffelweise den Zitronenquark hineinfüllen und 1 Stunde im Kühlschrank abkühlen lassen bzw. bis die Oberseite fest geworden ist. Zum Servieren mit Zitronenzesten, Kokoschips und kleinen Zitronenspalten garnieren. Reste im Kühlschrank aufbewahren. Am besten innerhalb von 2 Tagen essen.

Zitronen duften und schmecken nicht nur unglaublich gut, sie können sich auch positiv auf die Haut auswirken, Infektionen bekämpfen und für frischen Atem sorgen. Heißes Zitronenwasser am Morgen ist für mich ein Muss, weil es so wohltuend ist.

TIPP

Wenn du keinen Buchweizen hast, ersetze ihn durch Cashews oder Mandeln. Und du kannst anstatt Kurkuma auch Safran verwenden.

Sommerliche Erdbeer-Törtchen

Ergibt: 6 Mini-Tartes
Vorbereitungszeit: 10 Min. plus Kühlzeit
Backzeit: 15 Min.

TEIG
200 g Weizenmehl Type 550, plus etwas mehr zum Bestäuben
½ TL Meersalz
100 g vegane Butter, plus 1 EL zum Einfetten
3 EL Olivenöl

FÜLLUNG
400 g frische Erdbeeren, geputzt und geviertelt
2 EL Maisstärke
Saft von ½ Zitrone

ZUM ANRICHTEN
vegane Eiscreme
2 EL gefriergetrocknete Erdbeeren (optional)
2 EL Puderzucker (optional)

UTENSILIEN
6 Tarteförmchen mit Wellenrand (10 cm)

Gibt es etwas Besseres als frischen Obstkuchen? Diese Törtchen sind ein tolles Sommerdessert und lassen sich ganz einfach zubereiten. Der Teig ist superschnell gemacht und kommt ganz ohne Zucker aus. Verwende am besten vollreife süße Erdbeeren, die besten, die du finden kannst, und serviere die Törtchen mit einem großen Klecks deiner Lieblings-Eiscreme oder mit Puderzucker bestäubt.

Zunächst den Teig zubereiten. Das Mehl, das Salz und die vegane Butter in eine Küchenmaschine oder einen Mixer geben und zu krümeligen Bröseln verarbeiten. Wenn du keine Küchenmaschine hast, funktioniert das auch mithilfe einer Gabel. Das Olivenöl mit 2 Esslöffeln kaltem Wasser vermischen und in die Küchenmaschine/Schüssel geben. So lange mit der Impulsfunktion mixen oder vermengen, bis ein Teig entsteht. Den Teig in Frischhaltefolie einwickeln und mindestens 30 Minuten lang kühl stellen.

Den Backofen auf 200°C (Gas Stufe 6) vorheizen und die Tarteförmchen mit veganer Butter einfetten.

In einer mittelgroßen Schüssel die Erdbeeren mit der Maisstärke und dem Zitronensaft vermischen. Beiseitestellen.

Eine saubere Arbeitsfläche mit etwas Mehl bestäuben. Den Teig aus dem Kühlschrank nehmen, etwas aufwärmen lassen und dann auf eine Dicke von etwa 5 mm ausrollen. Den Teig auf die Größe der Tarteförmchen zuschneiden und behutsam so gleichmäßig wie möglich in die Förmchen drücken. Die Tarteförmchen mit Erdbeeren auffüllen und mit den übrig gebliebenen Teigstücken nach Belieben verzieren. 10–15 Minuten backen, bis der Teig goldgelb ist.

Am besten sofort essen, die Törtchen können aber auch gekühlt und im Kühlschrank bis zu 2 Tage lang aufbewahrt werden. Serviere sie mit veganem Eis, gefriergetrockneten Erdbeeren oder mit Puderzucker bestäubt.

Obwohl Erdbeeren zu den am süßesten schmeckenden Früchten gehören, enthalten sie nur sehr wenig Zucker. Eine Portion Erdbeeren enthält 7 g Zucker und 100 Prozent des empfohlenen Tagesbedarfs an Vitamin C.

TIPP

Der Teig kann bis zu 3 Tage im Voraus zubereitet werden, um Zeit zu sparen. Bewahre ihn einfach in Folie eingewickelt im Kühlschrank auf. Verwende je nach Jahreszeit Beeren, die gerade Saison haben, Brombeeren oder Blaubeeren sind auch fabelhaft!

KUNTERBUNTES FÜR KIDS

Seit ich selbst Mutter bin, habe ich vieles dazu gelernt, unter anderem, wie wichtig es ist, in der Küche besonders kreativ zu sein. Ein großer Teller voller Gemüse schreckt kleine Kinder ab, da hilft es, das Gemüse zu verstecken oder es superbunt und spielerisch zu präsentieren!

Sich Zeit nehmen, um gemeinsam mit Kindern eine Mahlzeit zuzubereiten und zu essen, hat gleich mehrere Vorteile. Es ist eine wunderbare Möglichkeit, Verständigung und Verbundenheit zu fördern und ihnen gleichzeitig die Bedeutung von Essen und Ernährung zu vermitteln. Studien zeigen, dass das Wissen über Essen allein nicht ausreicht, um Kindern die Bedeutung einer gesunden Ernährung zu vermitteln. Die Beschäftigung mit Ernährung und die Zubereitung von Essen sind viel effektiver, denn Kinder lernen durch Hören, Tasten, Schmecken, Sehen und Riechen. Diese sensorische Erfahrung macht den Moment des Kochens zu einem unvergesslichen Erlebnis, das sie wahrscheinlich für immer in Erinnerung behalten werden. Gemeinsames Kochen fördert die Kreativität und Selbstständigkeit sowie die Fähigkeit Probleme zu lösen, also großartige Lebenskompetenzen. Außerdem essen Kinder eher das, was sie selbst gekocht haben, sodass sich die Rezepte in diesem Kapitel leicht gemeinsam zubereiten lassen.

Josiah ist immer bereit und willig, mir in der Küche zu helfen. Es kann zwar etwas länger dauern und chaotisch ablaufen, aber das ist es allemal wert. Dieses Kapitel enthält einfache, nahrhafte, süße und herzhafte Rezepte, die Spaß machen und für Klein und Groß geeignet sind.

Knusprige Barbecue-Blumenkohl-Häppchen

Ergibt: etwa 20 Häppchen
Vorbereitungszeit: 15 Min.
Backzeit: 45 Min.

150 ml Sojamilch
1 EL Apfelessig
120 g Weizenmehl Type 550
1 EL geräuchertes Paprikapulver
¼ TL Chilipulver (optional)
1 TL Knoblauchpulver
½ TL Meersalz
1 großer Kopf Blumenkohl, in 5 cm große Röschen geschnitten (insgesamt etwa 20 Stück)
85 ml vegane BBQ-Sauce
2 EL vegane Butter, geschmolzen

TOPPINGS
1 Limette, geviertelt
1 TL schwarze Sesamsamen
1 EL frisch gehackter Koriander

Ich wusste gar nicht, dass Blumenkohl so lecker sein kann, bis ich diese Häppchen zum ersten Mal gegessen habe. Sie lassen sich ganz leicht auch ohne Gluten herstellen, sie backen im Ofen und man braucht nur ein paar einfache Zutaten. Sie schmecken nicht nur solo super, sondern machen sich hervorragend als Zutat in Buddha-Bowls zusammen mit Reis oder in Fladenbrot gefüllt mit Salat. Sie sind wie gemacht für kleine Finger!

Den Backofen auf 190°C (Gas 5) vorheizen und 2 Backbleche mit Backpapier auslegen.

Die Sojamilch mit dem Apfelessig in einen Krug geben, gut umrühren und einige Minuten stehen lassen, bis sie eingedickt ist und eine vegane Buttermilch entsteht.

Mehl, geräuchertes Paprikapulver, Chilipulver (falls verwendet), Knoblauchpulver und Salz in einer Rührschüssel vermengen. Jedes Blumenkohlröschen zuerst in der Buttermilch und anschließend in der Mehlmischung wenden, sodass alles gleichmäßig bedeckt ist. Die Blumenkohlröschen auf den Backblechen verteilen, dabei zwischen den einzelnen Röschen etwas Platz lassen. 20 Minuten lang backen, dann wenden und weitere 15 Minuten backen.

Für die Sauce die BBQ-Sauce und die geschmolzene Butter in einer kleinen Schüssel vermischen. Mit der Sauce die gebackenen Röschen bestreichen oder diese in die Sauce tauchen und dann weitere 10 Minuten im Backofen garen, bis sie knusprig sind.

Vor dem Servieren mit Limette, Sesamsamen und gehacktem Koriander garnieren. Man isst sie am besten sofort. Sie können aber auch 15 Minuten lang im heißen Backofen warmgehalten werden. Dabei nach der Hälfte der Zeit wenden.

Blumenkohl gilt als Superfood, weil er so nährstoffreich ist und viele Ballaststoffe sowie die Vitamine B und C enthält. Blumenkohl kann für sich genommen ziemlich fade schmecken. Daher verwende ich ihn gerne als Träger für kräftige Aromen wie diese rauchigen Gewürze und BBQ-Sauce.

TIPP

Wenn die Röschen für kleine Kinder bestimmt sind, lasse ich das Chilipulver weg. Sollen die Häppchen glutenfrei sein, ersetze ich das Weizenmehl durch glutenfreies Mehl.

Knusprige Kichererbsen-Nuggets

Ergibt: 16 Nuggets
Vorbereitungszeit: 15 Min.
Kochzeit: 25 Min.

PANADE
30 g Cornflakes
30 g Panko-Paniermehl
120 ml Aquafaba (aus der Dose Kichererbsen)

NUGGETS
1 EL Pflanzenöl oder Sonnenblumenöl
1 Zwiebel, fein gehackt
50 g feine oder kernige Haferflocken
1 Dose Kichererbsen à 400 g, abgespült und abgetropft
1 TL Knoblauchpulver
1 TL geräuchertes Paprikapulver
½ TL Meersalz
¼ TL frisch gemahlener schwarzer Pfeffer
170 g fester Tofu, abgetropft
½ TL Senf

Diese veganen Hähnchen-Nuggets aus Kichererbsen, Hafer und Tofu, umhüllt von einer knusprigen Cornflakes-Panade, sind so einfach zu machen und superlecker. Sie werden gebacken, nicht frittiert, sodass sie viel gesünder als normale Nuggets sind. Ich mache diese Nuggets für Josiah einmal in der Woche und sie sind ruckzuck aufgegessen, denn ich esse sie auch sehr gerne. Sie sind in nur 30 Minuten fertig und mit selbstgemachten Pommes frites oder Kartoffelspalten und Ketchup sind sie ein komplettes Hauptgericht.

Den Backofen auf 180°C (Gas Stufe 4) vorheizen und ein Backblech mit Backpapier auslegen.

Zunächst die Mischung für die Panade zubereiten. Die Cornflakes mit den Händen in kleine Stücke zerdrücken oder mit einem Nudelholz zerkleinern und mit dem Panko-Paniermehl auf dem Backblech verteilen. 2–3 Minuten backen, bis alles goldbraun ist. Beiseitestellen, während du die Nuggets zubereitest.

Das Öl in einer kleinen Pfanne auf mittlerer Flamme erhitzen. Die Zwiebel dazugeben und etwa 3 Minuten dünsten, bis sie weich ist und duftet. Zum Abkühlen beiseitestellen.

Die Haferflocken in eine Küchenmaschine oder einen Mixer geben und zu einem feinen Mehl verarbeiten. Die restlichen Zutaten für die Nuggets hinzufügen und mit der Impulsfunktion mixen, bis die Masse krümelig ist. Es ist in Ordnung, wenn ein paar Klumpen übrigbleiben, da dies den Nuggets Konsistenz verleiht.

Aus der Mischung etwa 16 Nuggets formen. 2 Schüsseln bereitstellen – eine gefüllt mit Aquafaba und eine mit der gebackenen Panko-Cornflakes-Mischung. Jedes Nugget erst mit Aquafaba bestreichen und dann in der Krümelmischung wälzen. Auf das Backblech legen und im Backofen 15–20 Minuten lang backen. Am besten sofort essen – mit deinem Lieblingsketchup oder deiner Lieblingssauce.

Kichererbsen sind ein großartiges Lebensmittel für Kleinkinder. Sie enthalten sehr viel Eiweiß, das die Bildung von Muskeln und Organen im Körper unterstützt. Außerdem liefern sie Eisen und Kalzium, die zur Gesunderhaltung von Blut und Knochen beitragen.

TIPP

Du hast keinen Mixer oder keine Küchenmaschine zur Hand? Dann kaufe Hafermehl oder ersetze das Mehl durch jedes andere Mehl. Füge dann einfach die übrigen Zutaten für die Nuggets hinzu und vermenge alles zusammen in einer Schüssel.

Karottenpommes

Ergibt: 2 Portionen
Vorbereitungszeit: 5 Min.
Backzeit: 30 Min.

600 g Karotten
1½ EL Olivenöl
1 TL Meersalz
½ TL frisch gemahlener schwarzer Pfeffer
1 EL Maisstärke
1 TL geräuchertes Paprikapulver

Diese leckere Alternative zu Pommes aus Kartoffeln ist knusprig, leicht süßlich und mit rauchigem Aroma dank des geräucherten Paprikapulvers. Die Karottenstücke kommen gleich in den Backofen, ganz ohne Vorkochen und sind in nur 30 Minuten fertig. Ich liebe sie als Beilage, aber sie eignen sich auch wunderbar für ein schnelles Mittagessen. Die Karottenpommes sind ein ideales Fingerfood für die Kleinen – lasse in diesem Fall einfach das Salz weg.

Den Backofen auf 200°C (Gas Stufe 6) vorheizen und ein großes Backblech mit Backpapier auslegen.

Die Karotten in etwa 6 x 1½ cm große Stücke schneiden. In eine große Schüssel geben und mit Öl, Salz, Pfeffer, Maisstärke und Paprikapulver vermischen. Sobald sie gleichmäßig bedeckt sind, die Karotten auf dem Backblech ausbreiten und darauf achten, dass sie sich nicht berühren. Eventuell noch ein zweites Backblech verwenden.

Die Karottenstücke 30 Minuten im Backofen rösten, dabei nach der Hälfte der Zeit einmal wenden. Sofort mit frischem Tahini, Ketchup oder veganer Mayo servieren.

Obwohl Karotten typischerweise orange sind, gibt es sie in vielen anderen Farben wie lila, weiß, rot und gelb! Du kannst jede Sorte für dieses Rezept verwenden und so eine kunterbunte Beilage zaubern. Studien haben gezeigt, dass die Flavonoidverbindungen in Karotten vor Haut- und Lungenkrebs schützen können.

TIPP

Du willst etwas mehr Schärfe? Versuche es mit ¼ Teelöffel Chilipulver und ½ Teelöffel Garam Masala anstelle des geräucherten Paprikapulvers.

Regenbogen-Pita-Pizza

Ergibt: 3 Pita-Pizzen
Vorbereitungszeit: 5 Min.
Backzeit: 20 Min.

2 EL Tomatenmark
1 EL getrockneter Oregano
¼ TL frisch gemahlener schwarzer Pfeffer
½ TL Meersalz
2 EL Olivenöl
3 Vollkorn-Pitabrote
40 g veganer Käse, gerieben
½ rote Paprikaschote, fein gehackt
½ orangefarbene Paprikaschote, fein gehackt
½ Zucchini, fein gewürfelt
6 Cherrytomaten, fein gewürfelt
½ rote Zwiebel, fein gehackt
3 EL Zuckermais, frisch oder aus der Dose
1 EL grob gehackte frische Basilikumblätter

Diese Mini-Pizzen lassen sich kinderleicht zubereiten, sind in weniger als 30 Minuten fertig und stecken voller farbenfroher, nahrhafter Gemüsesorten. Sie schmecken wie Pizza, aber dank des Pitabrot-Bodens muss man nicht erst umständlich den Teig kneten. Ich mache sie total gerne zusammen mit Josiah. Übriggebliebene Reste sind am nächsten Tag ein großartiger Snack für die Lunchbox.

Den Backofen auf 180 °C (Gas Stufe 4) vorheizen und ein Backblech bereitstellen.

Das Tomatenmark mit 3 Esslöffeln Wasser in einer Tasse verrühren. Oregano, schwarzen Pfeffer und Salz untermischen.

Die Pitabrote mit 1 Esslöffel Olivenöl bestreichen und auf ein Backblech legen. Das Tomatenmark auf den Pitas verteilen und mit veganem Käse bestreuen. Mit dem gehackten Gemüse und dem Zuckermais in Regenbogenreihen belegen und das restliche Olivenöl darüberträufeln.

Im Backofen 15–20 Minuten backen, bis die Pizzen an den Rändern braun werden und das Gemüse anfängt, weich zu werden. Vor dem Servieren mit gehacktem Basilikum bestreuen.

Nehme für den Belag Gemüse in möglichst vielen verschiedenen Farben. Das Auge isst mit – und gerade kleine Kinder lieben es bunt.

TIPP

Du kannst andere Gemüsesorten verwenden, mit einer Ausnahme, nämlich Wurzelgemüse, da dieses eine längere Garzeit hat. Gute Alternativen sind Pilze, sonnengetrocknete Tomaten, Oliven, grüne Paprika, Auberginen, Brokkoli (klein gehackt), Erbsen, Spargel, Frühlingszwiebeln, Rucola und Spinat.

Cheesy Zucchini-Karotten-Muffins

Ergibt: 12 Muffins
Vorbereitungszeit: 10 Min.
Kochzeit: 25 Min.

240 g Kichererbsenmehl
1 TL Backpulver
30 g Hefeflocken
½ TL Meersalz
1 TL gemahlene Kurkuma
1 EL gemischte getrocknete Kräuter
1 EL Chiasamen
160 ml Sojamilch
65 ml raffiniertes Olivenöl, plus 1 EL zum Einfetten
2 mittelgroße Karotten (ca. 230 g), fein geraspelt
1 mittelgroße Zucchini (ca. 210 g), fein gerieben
90 g Kürbiskerne

UTENSILIEN
12er-Muffinform

Diese Muffins sind eine köstliche, herzhafte Alternative zu klassischen Muffins und enthalten eine ganze Reihe gesunder Zutaten. Sie werden aus Kichererbsenmehl gebacken, das heißt, sie sind sehr eiweißreich und völlig glutenfrei. Die Zucchini und Karotten machen sie saftig und angenehm süß. Die Muffins schmecken entweder pur oder extra lecker mit einem Klecks veganer Butter. Ich esse sie am liebsten zum Frühstück oder als Snack, wenn ich mit meinem kleinen Sohn unterwegs bin.

Den Backofen auf 180°C (Gas Stufe 4) vorheizen und die Muffinform mit einem Esslöffel Olivenöl einfetten.

Kichererbsenmehl, Backpulver, Hefeflocken, Salz, Kurkuma und die getrockneten Kräuter in einer großen Schüssel gut miteinander vermischen.

In einer kleinen Tasse die Chiasamen mit 2 Esslöffeln Wasser zu einem Gel verrühren. In die Mitte der Schüssel mit den trockenen Zutaten eine Vertiefung drücken und die Milch, das Olivenöl und das „Chia-Ei" hineinfüllen. Die flüssige Mischung mit einer Gabel umrühren, dann die geriebenen Karotten und Zucchini sowie 70 g der Kürbiskerne dazugeben. Alles unterheben, aber nicht zu stark vermischen.

Den Teig gleichmäßig in den Muffinformen verteilen. Mit den restlichen Kürbiskernen bestreuen und anschließend 25 Minuten lang backen, bis der Teig goldgelb ist, an den Rändern zu bräunen beginnt und an einem eingestochenen Zahnstocher kein Teig mehr klebt. Aus dem Backofen nehmen und in der Form 10 Minuten abkühlen lassen. In einem luftdichten Behälter halten sich die Muffins gut bis zu 3 Tage oder bis zu einem Monat im Gefrierschrank bzw. Gefrierfach.

Kurkuma, die schon seit vielen Jahrtausenden bekannt ist und als wertvolles Heilkraut für eine bessere Gesundheit verwendet wird, verleiht diesen Muffins ihren wunderbaren Goldton. Kurkuma wird auch heute noch im alten indischen ganzheitlichen System des Ayurveda verwendet, das auf die Kraft der Natur setzt, um das körperliche und geistige Wohlbefinden zu stärken.

TIPP

Du findest keine Hefeflocken? Verwende stattdessen die gleiche Menge geriebenen veganen Käse.

Schoko-Banane am Stiel

Ergibt: 5 Stück
Vorbereitungszeit: 5 Min.
Gefrierzeit: 30 Min.

5 Bananen
200 g dunkle Schokolade, in Stücke gebrochen
15 g Haselnüsse oder Nüsse nach Wahl, grob zerkleinert
1 TL Kakaonibs

UTENSILIEN
5 Holzstiele

Dieses Eis ist eines meiner beliebtesten Snacks, die Kombination aus Banane und Schokolade ist immer ein Renner. Und auch Josiah liebt Schoko-Bananen am Stiel! Sie könnten nicht einfacher zu machen sein – sogar kleine Hände können helfen. Für mehr Knabberspaß gebe ich gerne Nüsse und Kakaonibs dazu. Aber auch ohne den Knuspereffekt ist dieses Eis einfach nur Klasse!

Die Bananen schälen und ein Holzstiel zur Hälfte in die Mitte jeder Banane stecken. Dann die Bananen auf ein mit Backpapier ausgelegtes Blech legen und über Nacht ins Gefrierfach bzw. in den Gefrierschrank stellen.

Am nächsten Tag die Schokolade in einer hitzebeständigen Schüssel etwa 5 Minuten im Wasserbad schmelzen. Dazu Wasser in einem Topf erhitzen, aber nicht aufkochen. Den Topf vom Herd nehmen und die Schüssel mit der Schokolade vorsichtig in das Wasserbad stellen und hin und wieder umrühren.

Mit einem Löffel die geschmolzene Schokolade über jede gefrorene Banane träufeln und mit Haselnüssen und Kakaonibs verzieren. Anschließend weitere 30 Minuten ins Gefrierfach oder in den Gefrierschrank stellen, damit sie wieder fest werden.

Bananen sind meine absoluten Feel-good-Früchte. Sie sind reich an Vitamin B_6 und Tryptophan und erhöhen den Serotoninspiegel im Körper – das Glückshormon schlechthin!

TIPP

Es gibt unzählige Möglichkeiten für Toppings! Probiere ruhig auch mal Gojibeeren, Pistazien, Erdnussbutter oder geschmolzene vegane weiße Schokolade aus.

Beerige Glücks-Bällchen

Ergibt: ca. 12 Bällchen
Vorbereitungszeit: 5 Min.
Gefrierzeit: 15 Min.

80 g gefrorene Himbeeren
100 g Haferflocken (oder glutenfreie Haferflocken)
40 g Cashewkerne
2 entsteinte Medjool-Datteln
1 EL Nussmus mit oder ohne Stückchen
40 g getrocknete Cranberries
40 g Gojibeeren
50 g Kokosraspeln

ÜBERZUG
20 g Kokosraspeln

Es kommt so gut wie nie vor, dass nicht irgendeine Form von Glücks-Bällchen in meinem Kühlschrank liegt. Ob als Muntermacher am Vormittag oder für den süßen Heißhunger am späten Abend – Glücks-Bällchen sind immer die richtige Antwort. Sie sind süß und lecker, ohne viel Zucker und Fett zu enthalten. Sie besitzen eine natürliche Süße und dank der Himbeeren, Cranberries und Goji-Beeren sind sie leicht säuerlich und spritzig. Da sie gluten- und zuckerfrei sind, eignen sie sich als ideales Fingerfood für die Kleinen.

Alle Zutaten in eine Küchenmaschine oder einen Mixer geben und zu einem Teig verarbeiten. 15 Minuten lang im Gefrierfach bzw. Gefrierschrank fest werden lassen.

10–12 esslöffelgroße Portionen vom Teig abnehmen, zu Kugeln formen und anschließend in den Kokosraspeln wälzen. Am besten schmecken die Glücks-Bällchen, wenn sie innerhalb von 2 Tagen verzehrt werden.

Ich verwende Gojibeeren und Cranberries in diesen Glücks-Bällchen nicht nur wegen ihrer schönen roten Farbe so gerne, sondern auch wegen ihrer unglaublichen gesundheitlichen Vorteile. Goji-Beeren sind als Glücksfrucht bekannt. Sie weisen einen hohen Gehalt an vielen Vitaminen auf – insbesondere Vitamin C – und können helfen, den Zucker- und Insulinspiegel zu regulieren. Cranberries wirken stark entzündungshemmend und sollen reinigende und entgiftende Eigenschaften besitzen.

TIPP

Wenn du keine Cranberries oder Gojibeeren hast, kannst du sie durch die gleiche Menge Rosinen oder Sultaninen ersetzen. Allerdings wird das Aroma dann nicht so prickelnd frisch ausfallen. Jede Art von Nussmus funktioniert hier, sogar Tahini. Außerdem kannst du die gefrorenen Himbeeren auch durch jede andere gefrorene Beere ersetzen.

Gefüllte Datteln im Schokomantel

Ergibt: 12 gefüllte Datteln
Vorbereitungszeit: 10 Min.
Kochzeit: 5 Min.

100 g dunkle Schokolade, in Stücke gebrochen
12 entsteinte Medjool-Datteln
12 TL Nussmus (ich verwende Mandelmus)
6 EL Toppings (ich verwende Pistazien, Kokosraspeln und gefriergetrocknete Himbeeren)

Diese Datteln sind ein einfacher, gesunder Snack, der gut für deinen Körper ist und auch Kindern prima schmeckt! Mit Mandelmus gefüllt und in extra dunkle Schokolade getaucht, enthalten diese Datteln eine ordentliche Portion Ballaststoffe, Eiweiß und Energie. Zweifelsohne einer der einfachsten und leckersten Snacks aller Zeiten.

Die Schokolade in einer hitzebeständigen Schüssel etwa 5 Minuten im Wasserbad schmelzen. Dazu Wasser in einem Topf erhitzen, aber nicht aufkochen. Den Topf vom Herd nehmen und die Schüssel mit der Schokolade vorsichtig in das Wasserbad stellen und hin und wieder umrühren.

Jede Dattel mit einem Teelöffel Nussmus füllen und dann in die geschmolzene Schokolade tauchen. Die restliche Schokolade darüber träufeln und mit Toppings bestreuen.

Wenn die Datteln nussfrei sein sollen, kannst du stattdessen Tahini oder ein Mus aus Sonnenblumenkernen verwenden.

TIPP

Toppings in bunten Farben lassen Kinderträume wahr werden! Probiere zum Beispiel Himbeerpulver oder etwas Matcha-, Rote-Bete- oder Weizengraspulver aus. Oder zauber' mit Orangen-, Limetten- und Zitronenschalen eine Zitrusnote hinein.

Einfache Bananen-Pancakes

Ergibt: etwa 10 kleine Pancakes
Vorbereitungszeit: 5 Min.
Kochzeit: 10 Min.

1 reife, große Banane (75 g)
115 ml Sojamilch oder vegane Milch nach Wahl
180 ml Sprudelwasser mit Kohlensäure
2 TL Vanilleextrakt
230 g Weizenmehl Type 550
1 EL Kokosblütenzucker
1 EL Backpulver
1 EL Kokosöl zum Ausbacken

ZUM ANRICHTEN

Ahornsirup oder Agavendicksaft
frisches Obst
Beste Chia-Beeren-Marmelade (siehe Seite 171)

Diese Pancakes sind vermutlich eines meiner liebsten Rezepte aller Zeiten. Mein kleiner Schatz und ich genießen sie fast jedes Wochenende. Weich, leicht, fluffig – sie sind die perfekte Unterlage für frische Früchte und allerlei Toppings aus deinem Vorratsschrank. Die Pancakes lassen sich wunderbar variieren und schmecken das ganze Jahr über. Sie sind mit reifer Banane und etwas Kokosblütenzucker gesüßt und dank des Sprudelwassers im Teig mega-fluffig. Sie sind schnell gemacht, wenn man wenig Zeit hat und immer ein wunderbares Frühstück für Gäste jeden Alters. Außerdem sind sie ein tolles Fingerfood für die Kleinen – einfach mit etwas veganem Joghurt und Beeren servieren.

Die Banane in einer Rührschüssel mit einer Gabel gut zerdrücken. Sojamilch, Sprudelwasser und Vanilleextrakt mit der Gabel einrühren, bis alles gut vermischt ist.

Das Mehl, den Kokosblütenzucker und das Backpulver hinzufügen und kurz verrühren. Die Masse sollte sehr dickflüssig, aber locker genug sein, um langsam von einem Löffel zu laufen.

Etwas Kokosöl in einer Pfanne bei mittlerer Hitze erhitzen. Einen gehäuften Esslöffel des Teigs pro Pancake in die Pfanne geben und ca. 1 Minute backen, wenden, wenn sich an der Oberfläche Blasen bilden, und eine weitere Minute auf der anderen Seite ausbacken. Die fertigen Pancakes auf einen Teller geben und unter einem sauberen Geschirrtuch warmhalten.

Pancakes schmecken frisch aus der Pfanne am allerbesten, also am besten sofort essen. Der Teig hält sich jedoch auch bis zu 2 Tage im Kühlschrank. Vor dem Servieren mit einem großzügigen Spritzer Ahornsirup oder einem Klecks Chia-Marmelade und mit deinen Lieblingsfrüchten garnieren.

Bananen sind eine gute Wahl fürs Frühstück, da sie dank ihres hohen Pektingehalts eine wohltuende Wirkung auf den Darm haben. Pektin ist ein löslicher Ballaststoff, der das Sättigungsgefühl fördert.

TIPP

Du kannst Sprudelwasser durch mehr Sojamilch ersetzen. Außerdem lässt sich dieses Rezept einfach abwandeln: Probiere neue Varianten aus, zum Beispiel mit gemahlenem Zimt, Maca, Kürbisgewürz oder ein wenig Kakaopulver im Teig.

Chia-Beeren-Marmeladentörtchen

Ergibt: etwa 12 Törtchen
Vorbereitungszeit: 30 Min.
Backzeit: 15 Min.

TEIG
200 g Weizenmehl
1 Prise Meersalz
1 EL Puderzucker
100 g vegane Butter
1–2 EL Olivenöl

HIMBEER-CHIA-MARMELADE
150 g frische Himbeeren
1 EL Chiasamen
2 EL Zucker

BROMBEER-BLAUBEER-CHIA-MARMELADE
70 g frische Brombeeren
70 g frische Blaubeeren
1 EL Chiasamen
2 EL Zucker

UTENSILIEN
Tarte- oder 12er-Muffinform
7,5 cm große runde Ausstechform

Ein Marmeladenkuchen ist typisch englisch, also musste ich unbedingt eine vegane Version kreieren! Meine Törtchen bestehen aus einfachem Mürbeteig und zwei Arten von Chia-Beeren-Marmelade. Ich verwende Himbeeren, Brombeeren und Blaubeeren, aber du kannst die Menge jeder einzelnen Sorte leicht durch die Beeren ersetzen, die du gerade zur Hand hast.

Zuerst den Teig herstellen. Das Mehl in eine große Schüssel sieben. Salz, Zucker und vegane Butter hinzufügen. Die Butter mit den Fingerspitzen in das Mehl einkneten, bis sich eine Konsistenz wie Semmelbrösel ergibt. 1 Esslöffel Olivenöl mit 2 Esslöffeln kaltem Wasser vermischen, hinzufügen und alles kurz zu einem Teig verarbeiten. Den Teig in Frischhaltefolie wickeln und mindestens 30 Minuten kaltstellen.

Die Himbeer-Chia-Marmelade zubereiten. Dafür die Himbeeren, Chiasamen, Zucker und 2 Esslöffel Wasser in einen kleinen Topf geben und zum Kochen bringen. Auf niedrige Hitze zurückschalten und 5 Minuten köcheln lassen, dann alles mit einer Gabel zerdrücken. In eine kleine hitzebeständige Schüssel füllen und abkühlen lassen.

Anschließend die Brombeer- und Blaubeer-Chia-Marmelade zubereiten. Die Brombeeren und Blaubeeren zusammen mit den Chiasamen, Zucker und 2 Esslöffeln Wasser in dieselbe Pfanne geben. Den Vorgang wiederholen, das Ganze zum Kochen bringen, auf niedrige Hitze zurückschalten und mit einer Gabel zerdrücken. Zum Abkühlen in einer zweiten hitzebeständigen Schüssel beiseitestellen.

Fortsetzung auf der nächsten Seite

Den Backofen auf 180 °C (Gas Stufe 4) vorheizen und die Törtchen- oder Muffinform mit etwas veganer Butter einfetten.

Den Teig etwa 5 mm dick ausrollen. Mit dem Teigausstecher 12 Kreise aus dem Teig ausstechen und mit den Fingerspitzen vorsichtig in die Törtchenform drücken. Die Förmchen mit 1–2 Teelöffeln Himbeermarmelade oder Brombeer- und Blaubeermarmelade auffüllen. Wenn du Teigreste übrighast, kannst du diese zum Verzieren der Oberseite der Törtchen verwenden.

Die Törtchen im Backofen 10–15 Minuten backen, bis die Ränder goldbraun werden. Vor dem Abkühlen auf einem Gitterrost zuerst 10 Minuten in der Form abkühlen lassen.

Die Brombeersaison ist einfach wunderbar. Ich habe das große Glück, dass in den Wäldern in meiner näheren Umgebung jede Menge Brombeeren zu finden sind. Das Rezept funktioniert aber auch mit gefrorenen Beeren, falls gerade keine Saison ist.

TIPP

Spare Zeit, indem du den Teig im Voraus zubereitest. Ich mache meinen für gewöhnlich am Vortag, kühle ihn im Kühlschrank und bringe ihn erst kurz vor dem Ausrollen auf Zimmertemperatur.

GRUND-NAHRUNGS-MITTEL DIY

Von allen Rezepten in meinem abgenutzten handgeschriebenen Rezeptbuch sind mir die Rezepte in diesem Kapitel die liebsten – ohne sie kann ich nicht leben. Hier findest du Brote, Aufstriche, Milch und Käse – alles, was man zusätzlich zu den anderen Rezepten in diesem Buch genießen kann. Auch wenn es fertige vegane Versionen vieler dieser Grundnahrungsmittel zu kaufen gibt, sind die selbst gemachten oft viel billiger, viel nahrhafter und schmecken immer so viel besser.

WECK

Beste Chia-Beeren-Marmelade

Ergibt: 1 kleines Glas
Vorbereitungszeit: 5 Min.
Kochzeit: 15 Min.

350 g frische Beeren nach Wahl
2 EL Chiasamen
2 EL Reis- oder Ahornsirup
Saft von ½ Zitrone

Diese Marmelade ist etwas ganz Besonderes, denn sie enthält null raffinierten Zucker, dafür aber hundert Prozent echtes Beeren-Aroma! Sie ist mit Chiasamen angedickt, die sich sehr gut eignen, um die typische Marmeladenkonsistenz zu erreichen. Du kannst für die Marmelade jede Art von Beeren verwenden, die du gerade zur Hand hast – mein Favorit sind allerdings Himbeeren. Sie eignet sich natürlich als Brotaufstrich, schmeckt aber auch wunderbar als fruchtiges Topping für Haferflocken, Pfannkuchen, Waffeln oder Joghurt.

Beeren, Chiasamen, Reissirup und Zitronensaft in einen kleinen Topf geben und bei niedriger bis mittlerer Hitze 10–15 Minuten lang köcheln lassen, bis eine Konsistenz wie Marmelade erreicht ist. Zum Abkühlen beiseitestellen. In ein sauberes Glas umfüllen und bis zu einer Woche im Kühlschrank aufbewahren.

Zwei Esslöffel Chiasamen enthalten doppelt so viele Antioxidantien wie Blaubeeren, 41 Prozent der empfohlenen täglichen Ballaststoffmenge und 64 Prozent mehr Kalium als eine Banane! Sie sind leicht verdaulich und daher eine gute Wahl fürs Frühstück.

TIPP

Du kannst gerade keine Beeren der Saison auftreiben? Dieses Rezept funktioniert genauso gut mit gefrorenen Beeren, außerdem kannst du sie auch durch weiches Obst wie Aprikosen oder Pflaumen ersetzen.

Top Tortillas

Ergibt: 8 Tortillas
Vorbereitungszeit: 5 Min. plus Ruhezeit
Kochzeit: 20 Min.

350 g Weizenmehl Type 550, plus etwas mehr zum Bestäuben
1 TL Meersalz
1½ TL Backpulver
2 TL Pflanzenöl
215 ml vegane Milch, lauwarm

Es gibt nichts Besseres als selbstgemachte Tortillas. Ich finde, gekaufte Tortillas schmecken oft gummiartig und künstlich, aber diese hier sind weich und fluffig und genau das Richtige für meine Green Goddess Falafel (siehe Seite 79) oder mit Chili gefüllten Süßkartoffeln (siehe Seite 64).

Mehl, Salz und Backpulver in eine Rührschüssel geben und gut verrühren. Das Öl mit der Milch in einem Glas mischen, dann nach und nach in die Schüssel zum Mehl geben und zu einem Teig verrühren (es kann sein, dass du nicht die ganze Milch brauchst).

Den Teig auf einer bemehlten Fläche 2 Minuten lang kneten, dann wieder zurück in die Schüssel geben. Mit einem Geschirrtuch abdecken und 15 Minuten ruhen lassen.

Den Teig in 8 Portionen teilen, zu Kugeln formen und 15 Minuten ruhen lassen. Dann jede Kugel zu einem 13 cm großen Kreis klopfen und zu einer 18–20 cm langen Tortilla ausrollen, die nicht ganz 5 mm dick ist.

Eine Bratpfanne auf mittlerer bis hoher Flamme erhitzen und die Tortillas nacheinander etwa 30 Sekunden auf jeder Seite backen, bis sie Blasen werfen.

Diese Tortillas werden am besten frisch gegessen, können aber am nächsten Tag problemlos wieder aufgefrischt werden. Dazu einfach mit etwas Wasser beträufeln und ein paar Sekunden in einer heißen und trockenen Pfanne erhitzen.

TIPP

Du hast noch ein paar Tortillas übrig? Schneide sie in Dreiecke und mache daraus Nachos! Mit Öl und etwas Salz bestreichen und bei 180°C (Gas Stufe 4) backen, bis sie leicht gebräunt und knusprig sind.

Ganz einfache Roti

Ergibt: ca. 8 Roti
Vorbereitungszeit: 5 Min.
Kochzeit: 5 Min.

260 g Atta-Mehl bzw. Vollkornmehl plus etwas mehr zum Bestäuben
½ TL Meersalz
2 TL Pflanzenöl
175 ml Wasser

Diese Roti, runde Fladenbrote, sind ein Muss für jede indische Mahlzeit und überraschend einfach zuzubereiten. Sie schmecken hervorragend zu Dals, Currys, Pickles und Dips.

Mehl und Salz in ein Sieb geben und in eine Schüssel sieben. 175 ml Wasser und das Öl in einem Glas mischen, nach und nach dazugeben und mit den Händen verrühren (du brauchst eventuell nicht die gesamte Wassermenge). Sobald sich ein Teig gebildet hat, einige Minuten lang kneten, bis er weich und geschmeidig ist. Wenn er zu klebrig ist, etwas mehr Mehl zugeben.

Den Teig in Portionen zu je 60 g teilen und zu Kugeln formen. Die Kugeln jeweils zu kleinen Fladen formen und die Ränder der Fladen mit den Fingern ausdünnen. Ein großes Brett oder eine saubere Arbeitsfläche mit etwas Mehl bestäuben und den Teig zu großen runden Kreisen ausrollen.

In einer Tawa-Pfanne oder einer großen Bratpfanne auf mittlerer Flamme etwa 1 Minute auf jeder Seite ausbacken, bis sich Blasen bilden.

TIPP

Atta-Mehl gibt es im Asia-Shop oder du findest es im Spezialitätenregal in deinem Supermarkt.

Einfaches Körnerbrot

Ergibt: 1 Laib à 450 g
Vorbereitungszeit: 30 Min.
Backzeit: 1 Stunde

40 g Chiasamen
50 g Sonnenblumenkerne
50 g Kürbiskerne
300 g glutenfreies Hafermehl
2 TL Backpulver
1 TL Meersalz
1 EL gemahlene Leinsamen
50 ml Olivenöl, plus etwas mehr zum Einfetten

UTENSILIEN
450 g Kastenform

Dieses glutenfreie no-knead Vollwertbrot ist super einfach herzustellen und reich an gesunden Nährstoffen – ein perfekter Laib Brot, gesund und lecker. Ich esse es am liebsten getoastet und mit einem großzügigen Klecks Erdnussbutter und Bester Chia-Beeren-Marmelade (siehe Seite 171) obendrauf.

Die Chiasamen und 240 ml Wasser in eine Schüssel geben und mit einem Schneebesen gut verrühren. Mindestens 20 Minuten lang beiseitestellen, damit die Masse eindickt.

Den Backofen auf 190°C (Gas Stufe 5) vorheizen und die Kastenform einfetten und mit Backpapier auslegen.

In einer Rührschüssel die Sonnenblumenkerne, die Kürbiskerne, das glutenfreie Hafermehl, das Backpulver, das Salz und die Leinsamen miteinander verquirlen. 170 ml lauwarmes Wasser, Olivenöl und Chiasamen-Gel hinzufügen. Alle Zutaten kurz miteinander vermischen.

Den Teig in die vorbereitete Kastenform füllen, mit einem Löffel glattstreichen und 1 Stunde lang backen, oder solange, bis an einem in der Mitte des Laibs eingestochenen Holzstäbchen kein Teig mehr klebt.

Das Brot vor dem Herausnehmen aus der Form auf einem Gitterrost vollständig abkühlen lassen.

TIPP

Du kannst dein eigenes Hafermehl herstellen, indem du Haferflocken in einer Küchenmaschine oder mit dem Mixer zerkleinerst. Und die Hälfte des Hafermehls lässt sich wunderbar durch Buchweizenmehl ersetzen.

Der ultimative Pizzateig

Ergibt: 6 kleine oder 4 große Pizzen
Vorbereitungszeit: 20 Min. plus Gehzeit
Backzeit: 8 Min.

1 kg kräftiges Weißbrotmehl
15 g Meersalz
700 g zimmerwarmes Wasser
2 g Trockenhefe

Pizza gibt es bei uns jede Woche, typischerweise am Freitagabend. Dieser ultimative Pizzateig ergibt die leckersten Pizzen: außen knusprig, innen weich und mit vielen Luftblasen in der Kruste. Das Rezept ist sehr ergiebig, denn ich friere die Teigkugeln zur späteren Verwendung gerne ein, das spart eine Menge Zeit. So kannst du am Vortag eine Portion aus dem Gefrierfach nehmen und musst nicht extra Teig kneten.

Mehl und Salz in eine Schüssel geben und mit einer Gabel vermischen. Das Wasser und die Hefe hinzufügen, kurz weiterrühren und den Teig anschließend etwa 10 Minuten lang gut durchkneten. Nimm einen Teigschaber zu Hilfe, wenn du einen hast. Anschließend den Teig 1 Stunde lang alle 10 Minuten ein paar Minuten lang kneten.

Den Teig mit den Händen auseinanderziehen, in die Schüssel legen, abdecken und an einem warmen Ort mindestens 4–6 Stunden gehen lassen.

Nach der Gehzeit den Teig in 6 Teile teilen und zu Kugeln formen für mittelgroße Pizzaböden oder in 4 Kugeln teilen, um größere Pizzen herzustellen. Die Teigkugeln eine weitere Stunde gehen lassen. Übriggebliebene Teigkugeln in geölte Frischhaltefolie einwickeln und einfrieren.

Einen Pizzastein oder ein Backblech mindestens 15 Minuten lang im Backofen erhitzen, und zwar auf der heißesten Stufe (bei mir sind es etwa 220°C/Gas Stufe 8).

Wenn du einen Pizzaschieber hast, bestäube ihn gut mit Mehl. Ziehe den Teig mit den Händen auseinander, sodass ein grober Boden entsteht. Für einen mittleren Pizzaboden sollte der Teig möglichst nicht dicker als 1,5 cm sein. Die Pizza belegen und mithilfe des Schiebers auf den vorgeheizten Pizzastein gleiten lassen. Backen, bis die Pizza goldgelb und aufgegangen ist, dies dauert in der Regel etwa 8 Minuten.

TIPP

Du willst nicht so viel Teig machen? Halbiere einfach die Rezeptmenge, das reicht für 2 große Pizzaböden oder für eine große Pizza und ein paar Pizzabrötchen. Dazu einfach den Teig zu kleineren Kugeln rollen und auf einem Backblech unter der Pizza ausbacken.

Notella-Milch

Ergibt: 4 Tassen
Vorbereitungszeit: 5 Min. plus 5 Stunden Einweichzeit

Wenn du Kakao und Nuss-Nougat-Aufstrich liebst, musst du diese vegane Milch unbedingt ausprobieren. Sie ist unwiderstehlich cremig, nussig und schokoladig. Ich verwende Notella-Milch gerne in Smoothies. Mit ein paar gefrorenen Bananen ergibt das einen köstlichen Mix.

130 g Haselnüsse
2 EL Kakaopulver
4 entsteinte Medjool-Datteln
1 EL Vanilleextrakt
900 ml kaltes Wasser

Die Haselnüsse in eine Schüssel geben und mit kaltem Wasser bedecken. Über Nacht oder mindestens 5 Stunden einweichen lassen. Anschließend die Haselnüsse abgießen und abspülen und mit den restlichen Zutaten und 900 ml kaltem Wasser in eine Küchenmaschine oder einen Mixer geben. Auf höchster Stufe pürieren, bis die Masse glatt und schaumig ist. Die Milch durch einen Nussmilchbeutel oder ein sauberes Passiertuch abseihen und in ein großes verschließbares Glas gießen. Sofort genießen oder im Kühlschrank aufbewahren. *(Rechts abgebildet)*

Moon Milk

Ergibt: 2 Becher
Vorbereitungszeit: 5 Min.
Kochzeit: 5 Min.

Wenn ich mich irgendwie unwohl fühle und etwas Beruhigendes brauche, rühre ich meine Moon Milk für einen erholsamen Schlaf an. Dieser Schlummertrunk in Zartrosa oder Knallpink – dank einer mehr oder weniger großen Dosis Rote-Bete-Pulver – und mit Vanille, Ahornsirup und Rosenwasser aromatisiert, hilft mir immer dabei runterzukommen.

500 ml Mandelmilch
1 TL Rote-Bete-Pulver
2 TL Maca-Pulver
1 TL Vanilleextrakt
1 EL Ahornsirup oder Agavendicksaft
1 TL Rosenwasser (optional)

Mandelmilch, Rote-Bete-Pulver, Maca-Pulver, Vanilleextrakt, Ahornsirup und Rosenwasser (falls verwendet) in einen kleinen Topf geben und leicht erhitzen, aber nicht kochen. Mit einem Schneebesen gründlich rühren, damit sich alles gut auflöst. In Becher füllen und umgehend servieren.

Maca kann regulierend auf den Hormonhaushalt wirken und bei Schlafproblemen helfen.

TIPP

Du hast kein Rote-Bete-Pulver zu Hause? Es geht auch ohne: Nimm stattdessen gemahlenen Zimt für eine an Chai-Latte angelehnte Moon Milk.

Cremige Cashew-Milch

Ergibt: 1 Liter (etwa 4 Gläser)
Vorbereitungszeit: 5 Min. plus 30 Min. Einweichzeit

100 g Cashewkerne
500 ml heißes Wasser
1 l gefiltertes kaltes Wasser
2 EL Ahornsirup oder Agavendicksaft (optional)
1 TL Vanilleextrakt

Im Laden gekaufte vegane Milch kann teuer sein und enthält außerdem viele Zusatzstoffe. Cashew-Milch selbst herzustellen ist erstaunlich einfach, wenn du einen Mixer zu Hause hast, und sie schmeckt sogar besser als die teuersten Marken. Diese Cashew-Milch ist in weniger als einer Stunde fertig. Sie lässt sich auch leicht individuell abwandeln – du kannst etwas Zimt, Kürbisgewürz oder sogar Kakao für eine Schokoladen-Cashew-Milch hinzufügen. Sie schmeckt köstlich in Smoothies oder selbstgemachtem Müsli.

Die Cashews in eine große hitzebeständige Schüssel geben und mit dem heißen Wasser bedecken. 30 Minuten lang einweichen lassen.

Anschließend die Cashewkerne abtropfen lassen und in eine Küchenmaschine oder einen Mixer füllen. Das gefilterte kalte Wasser, Ahornsirup (falls verwendet) und Vanilleextrakt dazugeben. Auf höchster Stufe 3–4 Minuten lang mixen, bis die Masse wirklich glatt ist. Durch ein Passiertuch oder einen Nussmilchbeutel abseihen und bis zu 5 Tage im Kühlschrank aufbewahren.

Nimm 1 Teelöffel Matcha-Pulver für eine grüne Cashew-Milch oder 1 Teelöffel Rote-Bete-Pulver für eine rosafarbene Variante. Schmecke deine Milch nach Belieben mit Agavendicksaft ab.

TIPP

Du hast weder ein Passiertuch noch einen Nussmilchbeutel? Kein Problem, mixe die Mischung so lange weiter, bis sie super glatt ist. Vor der Verwendung die Cashew-Milch einfach gut schütteln. Ich nehme übrigens Cashewbruch für dieses Rezept: Cashewbruch ist viel preiswerter als ganze Cashewkerne.

Ruck-Zuck-Cashew-Käse

Ergibt: etwa 250 g
Vorbereitungszeit: 5 Min., plus 2 Stunden Einweichzeit

- 150 g Cashewkerne, mindestens 2 Stunden oder über Nacht in kaltem Wasser eingeweicht
- 100 ml Wasser
- 10 g Hefeflocken
- ½ TL Meersalz
- ¼ TL frisch gemahlener schwarzer Pfeffer
- ½ EL Kokosöl, geschmolzen
- 2 TL Apfelessig oder Zitronensaft

Dieser Cashew-Käse lässt sich ganz einfach zubereiten – in weniger als 10 Minuten ist er fertig. Er ist cremig und streichfähig, genau wie ein Weichkäse. Das Käsearoma kommt von den Hefeflocken und der leichten Schärfe des Essigs. Ich verwende ihn gerne als Dip für Grissini und Rohkost, aber auch auf Sandwiches und Crackern macht er sich ausgesprochen gut.

Alle Zutaten in eine Küchenmaschine oder einen Mixer geben und 7–8 Minuten lang mixen, bis die Masse ganz glatt und cremig ist. In ein sauberes Glas umfüllen und bis zu 5 Tage im Kühlschrank aufbewahren oder einfrieren (hält bis zu 2 Monaten).

TIPP

Variiere die Aromen, indem du frische Kräuter oder Gewürze hinzufügst. Ich verwende gerne ein paar Stängel gehackten Schnittlauch oder etwas Bärlauch. Für eine rauchige Variante kannst du ½ Teelöffel geräuchertes Paprikapulver zugeben.

Veganer Parmesan

Ergibt: 1 Glas à 140 g
Vorbereitungszeit: 5 Min.

- 140 g Cashewkerne
- 4 EL Hefeflocken
- ¾ TL Meersalz
- ½ TL Knoblauchpulver
- ¼ TL gemahlene Kurkuma
- ¼ TL frisch gemahlener schwarzer Pfeffer

Dieser vegane Parmesan ist dein neuer bester Freund! Verwende ihn zum Überbacken von Pasta, Pizza, Gratins oder anderen Gerichten, die du mit Käse bestreuen möchtest. Er ist in Nullkommanichts zubereitet und hält sich wochenlang gut im Kühlschrank.

Alle Zutaten in eine Küchenmaschine geben und zu einer feinen Masse verarbeiten. Der vegane Parmesan hält sich in einem sauberen Glas im Kühlschrank bis zu 4 Wochen.

TIPP

Du möchtest deinen Parmesan mit einem etwas rauchigeren Aroma? Füge je ½ Teelöffel gemahlenen Kreuzkümmel und geräuchertes Paprikapulver hinzu. Für eine pikante Variante würze ich mit ¼ Teelöffel Chilipulver.

Rotes Röstpaprika-Pesto

Ergibt: etwa 450 g
Vorbereitungszeit: 5 Min.
Kochzeit: 40 Min.

3 rote Paprikaschoten
5 EL Pinienkerne
2 Knoblauchzehen
2 TL Meersalz
¼ TL frisch gemahlener schwarzer Pfeffer
½ TL getrocknete Chiliflocken (optional)
10 g frische Basilikumblätter
60 g abgetropfte sonnengetrocknete Tomaten
1 EL Weißweinessig
4 EL Hefeflocken (optional)
100 ml natives Olivenöl extra

Dieses raffinierte Pesto ist ein Muss in meinem Kühlschrank, weil es so vielseitig ist. Wenn du geröstete rote Paprika und sonnengetrocknete Tomaten liebst, wirst du auch dieses Pesto lieben. Es ist cremig, herrlich nussig und aromatisch und passt hervorragend zu Pasta, aber es kann noch für so viel mehr verwendet werden. Gib einen Löffel davon in Eintöpfe und Suppen, um sie aufzupeppen, oder verwende das Pesto als Dip zu gebratenem Gemüse. Auch in Kombination mit Hummus oder auf Crostini zu frischen Tomaten schmeckt es einfach genial.

Den Backofen auf 190 °C (Gas Stufe 5) vorheizen.

Die Paprikaschoten auf ein Backblech legen und im Backofen 35–40 Minuten garen, bis die Haut Blasen wirft und an einigen Stellen schwarz wird. Herausnehmen und mindestens 15 Minuten beiseitestellen und abkühlen lassen.

Den Stiel und die Kerne aus den gegarten Paprikaschoten entfernen und das Paprikafleisch mit allen anderen Zutaten, mit Ausnahme des Olivenöls, in eine Küchenmaschine oder einen Mixer geben. Alles gut pürieren, bis die Masse relativ glatt ist, dann langsam das Olivenöl zugeben, während sich die Messer noch drehen, damit sich das Öl mit der Mischung verbindet.

Dast Pesto in ein sauberes Gefäß umfüllen und im Kühlschrank bis zu 5 Tage oder im Gefrierfach bzw. Gefrierschrank bis zu 3 Monate aufbewahren.

Rote Paprikaschoten enthalten mehr Vitamin C als jedes andere Obst oder Gemüse. Eine Paprikaschote enthält über 300 Prozent des Tagesbedarfs an Vitamin C! Das ist sogar mehr als in einer Orange.

TIPP

Die eine Hälfte des Pestos stelle ich in den Kühlschrank, damit ich unter der Woche immer etwas davon parat habe. Die andere Hälfte fülle ich in Eiswürfelbehälter und friere sie ein. So kann ich immer je nach Bedarf einzelne Portionen entnehmen und auftauen. Das typische Käsearoma stammt von den Hefeflocken anstelle des echten Parmesans, aber dieses Pesto schmeckt auch ohne genauso lecker.

Mandelmus

Ergibt: 1 Glas à 300 g
Vorbereitungszeit: 20 Min.
Kochzeit: 10 Min.

300 g ganze Mandeln
¼ TL Meersalz (optional)

GEWÜRZE NACH BELIEBEN
1 TL Vanilleextrakt
½ TL gemahlener Zimt
¼ TL Gewürzmischung „Mixed Spice"

Wenn du eine Küchenmaschine oder einen Mixer besitzt, kannst du Mandelmus ganz einfach selbst herstellen! Es ist nicht nur preisgünstiger als gekauftes, sondern auch super einfach zu machen und lässt sich je nach persönlichem Geschmack variieren. Ich mag es am liebsten mit nur einem Hauch Salz, du kannst für eine süßere Variante aber auch Vanille oder Gewürze hinzufügen.

Den Backofen auf 180°C (Gas Stufe 4) vorheizen.

Die Mandeln auf einem Backblech verteilen und 10 Minuten anrösten, bis sie leicht braun werden. Aus dem Backofen nehmen und 10 Minuten lang abkühlen lassen, bis sie nicht mehr heiß, sondern nur noch warm sind.

Die noch warmen Mandeln in eine Küchenmaschine oder einen Mixer geben und solange mixen, bis sie cremig sind, dabei zwischendurch den Mixer anhalten und die Masse von den Seiten der Schüssel kratzen. Zunächst wird sich im Mixer eine Teigkugel bilden, aber wenn du weiter mixt, wird das Mus schließlich flüssig und glatt – das kann bis zu 20 Minuten dauern. Wenn dein Mixer heiß läuft, schalte ihn zwischendurch ein paar Minuten ab.

Sobald die Masse flüssig ist, das Salz (falls verwendet) und alle anderen Zutaten einstreuen. Nochmals ein paar Minuten mixen, damit die Masse wieder cremig wird. Auf Zimmertemperatur abkühlen lassen, dann in ein sauberes Glas umfüllen. Im Kühlschrank hält sich das Mandelmus bis zu 3 Wochen.

Mandeln sind eine der besten Quellen für Vitamin E, ein essenzieller Nährstoff, der Entzündungen im Körper vorbeugt. Außerdem sind sie reich an Eiweiß: Auf 100 g kommen etwas mehr als 21 g Eiweiß.

TIPP

Wenn du die erforderliche Menge an Mandeln nicht zur Hand hast, kannst du stattdessen auch andere Nüsse aus deinem Vorratsschrank in der angegebenen Menge verwenden.

OPINEL
INOX

Register

A

B

C

D

E

F

G

H

R

S

T

V

W

Z

Danksagung

In dieses Kochbuch habe ich viel Arbeit und Herzblut gesteckt. Ich dachte immer, dass ich nie die Zeit dazu haben würde, auch wenn es etwas war, das ich schon immer tun wollte. Ohne die Unterstützung einiger ganz besonderer Menschen wäre es wirklich nicht möglich gewesen.

Zuallererst möchte ich mich bei allen bedanken, die mich in den letzten fünf Jahren auf meinem Weg begleitet haben. Egal, ob ihr mir auf Instagram folgt, Rezepte aus meinem Blog nachkocht oder einfach nur dieses Buch gekauft habt – ohne eure Ermutigung und euren Zuspruch hätte ich es nicht geschafft. Das bedeutet mir so viel und motiviert mich, kreativ zu bleiben und noch besser zu werden.

Ein riesengroßes Dankeschön an Monica und das gesamte Team von Leaping Hare Press dafür, dass sie ein paar Jahre lang auf mich eingewirkt haben, bevor ich endlich Ja zu dem Buch gesagt habe! Monica hat von Anfang an mich geglaubt und war während der ganzen Zeit des Schreibens eine ständige Quelle der Unterstützung und Ermutigung. Es war nicht einfach, vor allem, da ich ein Baby alleine großzog, aber Monica war immer da, um mir Zuversicht und Bestätigung zu geben, wenn ich sie am meisten brauchte. Vielen Dank für deine Geduld.

Meiner Seelenschwester Zakiya danke ich dafür, dass sie mein größter Fan, eine ständige Quelle an Optimismus, Begeisterung und Weisheit ist und dafür, dass sie für das Buch Fotos von mir gemacht hat. Danke an meine wunderbare Alix, dem treuesten, zuverlässigsten und fürsorglichsten Menschen, den ich kenne, eine tolle Tante für Josiah und die beste Partnerin bei der Geburt, die man sich nur wünschen kann!

Danke an meine liebe Becky für die aufmunternden Gespräche und an Anna dafür, dass sie die beste Babysitterin für meinen kleinen Schatz ist und mich unterstützt, egal was passiert. Meiner Familie, meiner Nanny Annie und meiner Tante Becky bin ich unglaublich dankbar für die täglichen Face-Time-Gespräche und die seelische und moralische Unterstützung während des letzten Jahres.

Ein besonderer Dank gilt meinem Vater und Ursula für die kleinen Ausflüge, die mir während des Schreibens Zeit zum Auftanken verschafften.

Schließlich ein großes Dankeschön an meine Mum, meine Lieblingsköchin und den talentiertesten, kreativsten Menschen, den ich kenne.

@bos.kitchen

Glossar

Carob

Carob ist das Fruchtfleisch der Hülsenfrucht Johannisbrot. Es wird zu Pulver zermahlen und ist eine gute Alternative zu herkömmlichem Kakaopulver.

Granola

Granola bezeichnet ein im Ofen gebackenes Knuspermüsli, das aus Getreideflocken, Nüssen, Samen und getrockneten Früchten besteht. Nach dem Abkühlen wird es in größere Stücke zerkrümelt.

Impuls-Funktion

Die Impuls-Funktion ist eine bestimmte Einstellung der Küchenmaschine bzw. des Mixers. Dabei laufen die Messer abwechselnd schnell und langsam; so können besonders gut härtere Zutaten besser verarbeitet werden.

Kastorzucker

Kastorzucker ist ein besonders feinkörniger Kristallzucker, der hauptsächlich in den USA und Großbritannien verwendet wird. Da Kastorzucker in Deutschland so gut wie nie erhältlich ist, haben wir ihn in den Rezepten durch Puderzucker ersetzt.

Maca

Maca ist ein in Peru beheimatetes Kressegewächs, dessen Wurzel zu Pulver zermahlen wird. Maca wird eine positive Wirkung auf die Leistungsfähigkeit und Libido nachgesagt.

Matcha

Matcha ist eine Grünteeart der höchsten Qualitätsstufe, die zu einem feinen Pulver gemahlen und bei traditionellen Teezeremonien verwendet wird.

Mixed Spice

Dies ist eine traditionelle britische Gewürzmischung für Süßspeisen. Sie enthält meist Zimt, Koriander, Piment, Ingwer, Nelken und Muskat.

Panko

Panko ist ein Paniermehl aus Brotkrumen und hat seinen Ursprung in Japan.

Poke-Bowl

Poke ist eigentlich ein Fischsalat aus Hawaii und hat seine Wurzeln in der japanischen Küche. „Poke" bedeutet „in Stücke geschnitten". Poke-Bowls kann man statt mit Fisch auch mit Fleisch oder ganz vegan genießen.

Tahini (Tahina, Tahin)

Tahini ist eine Paste aus gemahlenen Sesamsamen.

Zum Weiterlesen

Vegan für Einsteiger

www.veganuary.com/de

www.veganstart.de

Vegane Rezepte

www.proveg.com/de/ernaehrung/vegane-rezepte

www.eat-this.org

Einkaufsguides

Der vegane Einkaufsguide (PETA Deutschland) App

https://tierversuchsfrei.peta-approved.de

Restaurantguides:

Happy Cow App

Vanilla Bean App

www.love-veggie.com

Bücher

Andreas, A: Vegan! Das Goldene von GU. GU Verlag, München 2020

Keller, M. & Sabersky, A.: Öfter mal die Sau rauslassen. Wie wir mit pflanzenbasierter Ernährung ganz entspannt gesünder leben und das Klima retten. Verlag Eugen Ulmer, Stuttgart 2022

Lundström, R.: Asia vegan. Christian Verlag, München 2020

Medhurst, J.: Die 7 Prinzipien für eine gesunde Ernährung. Geheimtipps, 100 Rezepte und ein 2-Wochen-Plan von Ernährungswissenschaftlerin The Imperfect Nutritionist. Verlag Eugen Ulmer, Stuttgart 2024

Moschinski, B: Vegan Kochen und Backen: Nachhaltig & günstig. Südwest Verlag, München 2023

Schneider, N.: How to vegan. Facts & Lifehacks zur pflanzlichen Ernährung. Verlag Eugen Ulmer, Stuttgart 2024

Su, S.: Milch ohne Muh & Mäh. Vegane Rezepte für Drinks, Barista-Alternativen & Joghurt aus regionalen Zutaten. #machsnachhaltig. Verlag Eugen Ulmer, Stuttgart 2024

Bildnachweis: Alle Fotos stammen von der Autorin,
Harriet Porterfield.
Icon Buchrücken: Shutterstock.com/Mar Pelikan

Anmerkung zur Schreibweise (Gendering): Gendergerechtigkeit und Inklusion sind bei uns gelebte Praxis – bei der Auswahl unserer Themen, bei der Recherchearbeit, in der Gestaltung. Unsere Texte meinen alle. Damit unsere Inhalte jedoch gut lesbar bleiben, verzichten wir in diesem Werk auf die jeweilige Mehrfachnennung oder Anpassung der Schreibweise bestimmter Bezeichnungen an die weibliche, männliche oder diverse Form.

Bibliografische Information der Deutschen Nationalbibliothek
Die Deutsche Nationalbibliothek verzeichnet diese Publikation in der Deutschen Nationalbibliografie; detaillierte bibliografische Daten sind im Internet über http://dnb.d-nb.de abrufbar.

Die englische Originalausgabe erschien erstmals 2023 unter dem Originaltitel „Eat the rainbow“ bei Leaping Hare Press, einem Imprint der The Quarto Group.

Englischsprachige Originalausgabe:
Text © 2023 Harriet Porterfield
Photography © 2023 Harriet Porterfield
Design © 2023 Quarto Publishing Group
Senior Commissioning Editor: Monica Perdoni
Editorial Director: Nicky Hill
Food Stylist: Harriet Porterfield
Designer: Claire Warner
www.Quarto.com

Deutschsprachige Ausgabe:
© 2024 Eugen Ulmer KG
Wollgrasweg 41, 70599 Stuttgart (Hohenheim)
E-Mail: info@ulmer.de
Internet: www.ulmer.de
Projektleitung: Jennifer Zajonz
Übersetzung: Claudia Händel
Lektorat: Anja Fleischhauer
Herstellung: Isabell Scherrieble
Umschlaggestaltung: siegel konzeption | gestaltung, Stuttgart
Satz: r&p digitale medien, Echterdingen
Druck und Bindung: 1010 Printing International Ltd.
Printed in China

ISBN 978-3-8186-2222-0